Benjamin Creme: Lehren der zeitlosen Weisheit

W0179670

Lehren der zeitlosen Weisheit

Eine Einführung in das geistige Vermächtnis
der Menschheit

Benjamin Creme
Zusammengestellt und bearbeitet von
Share International Foundation, Los Angeles

Edition Tetraeder

Titel der englischen Originalausgabe:
The Ageless Wisdom Teaching
Benjamin Creme
First Edition 1996
Share International Foundation
London • Amsterdam • Los Angeles

ISBN 3-932400-05-4
© Share International Foundation
© für deutschsprachige Ausgaben:
Edition Tetraeder, München
1. Ausgabe, März 1997
Alle Rechte vorbehalten
Druck: Offset Druckerei Pohland, Augsburg

Inhaltsverzeichnis

Einleitung

In jedem Zeitalter oder in Zeiten aussergewöhnlicher Krisen erschienen grosse geistige Lehrer, um der Menschheit bei ihrem nächsten Entwicklungsschritt behilflich zu sein. Dazu gehören unter anderem uns aus der Geschichte bekannte Gestalten wie Herkules, Rama, Shankaracharya, Krishna, Buddha, Mohammed und Christus. Jeder vermittelte eine Lehre, deren zentrales und gemeinsames Thema die 'richtigen menschlichen Beziehungen' sind.

Dazu einige gebräuchliche, sinngemäss wiedergegebene Formulierungen:

Christentum: Was immer du möchtest, das andere dir tun, solltest du auch ihnen angedeihen lassen.

Buddhismus: Fünf Dinge sollte man in einer Gemeinschaft im Umgang mit Freunden und Familienangehörigen beherzigen – man sollte grosszügig sein, höflich und wohlwollend, andere so behandeln wie sich selbst und so gut handeln, wie man spricht.

Hinduismus: Tue niemandem etwas an, das, fügte man es dir zu, dir Schmerzen bereiten würde.

Islam: Keiner von euch ist ein wirklich gläubiger Mensch, solange er für seinen Bruder nicht das gleiche möchte wie für sich selbst.

Judaismus: Tue das, was dich schmerzen würde, auch deinem Mitmenschen nicht an.

Taoismus: Betrachte den Gewinn deines Nachbarn wie deinen eigenen Gewinn und betrachte den Verlust deines Nachbarn wie deinen eigenen Verlust.

Aus diesen einfachen Lehren haben die Menschen im Laufe der Geschichte komplizierte Dogmen und Rituale gemacht und im Namen ihrer jeweiligen Ideologie getötet oder sich töten lassen. Diese religiöse Intoleranz war und ist weiterhin die Ursache vieler Missverständnisse und Leiden in der Welt. *Wenn Menschen aller Glaubensrichtungen endlich begreifen, dass sie ein gemeinsames geistiges Vermächtnis verbindet, dass sie Kinder des einen Vaters sind – auch wenn ihre Tradition ihm unterschiedliche Namen gibt – wird eine neue Ära der Brüderlichkeit und des Friedens einsetzen.*

Diese gemeinsame Quelle der Weisheit ist eine uralte geistige Lehre, die von Generation zu Generation weitergegeben wurde, und auch 'zeitlose Weisheit' genannt wird. Sie ist eine esoterische *Wissenschaft* – esoterisch bedeutet lediglich, dass sie das Begriffsvermögen des Durchschnittsmenschen übersteigt – und beschreibt systematisch und umfassend den

Entwicklungsprozess im Menschen und in der Natur unter energetischen Aspekten: wie entstand das Universum, wie funktioniert es, und welcher Platz kommt dem Menschen darin zu. Esoterik, wie dieser Ansatz auch genannt wird, bedeutet auch die Fähigkeit, die *Kunst*, diese Energien, die aus den höchsten geistigen Quellen stammen, handzuhaben. Aus dem Hintergrund haben diese Lehren Zivilisation auf Zivilisation Richtung und Form gegegeben und zu allen grossen Errungenschaften in den Wissenschaften, in Politik, Kunst oder Religion geführt.

Die Lehre der zeitlosen Weisheit wurde dem allgemeinen Publikum zum ersten Mal um 1875 von Helena Petrovna Blavatsky mit ihren Büchern *Geheimlehre* und *Isis entschleiert* zugänglich gemacht. Madame Blavatsky gründete die Theosophische Gesellschaft, um diese 'neue' Sicht der Geschichte und der menschlichen Evolution vorzustellen. Die nächste Stufe der Lehre machte Alice Bailey publik, die von 1919 bis 1949 mit einem Meister der Weisheit, der als "der Tibeter" bekannt wurde, zusammenarbeitete. Auf dem Weg der telepathischen Überschattung vermittelte Meister Djwhal Khul umfangreiche Informationen über die Welt und ihre Zukunft.

Eine weitere Informationsquelle ist seit 1974 der britische Künstler Benjamin Creme, der sich dabei vor allem mit der Wiederkehr Maitreyas, des Christus und Weltlehrers für die kommende Epoche befasst. Seine Informationen erhält Creme durch kontinuierlichen telepathischen Kontakt mit einem Meister der Weisheit.

Creme hält weltweit Vorträge zu diesem Thema und hat hierzu Hunderte von Radio-, Fernseh- und Zeitungsinterviews gegeben. Seine Bücher sind eine Zusammenfassung dieser Lesungen und wurden von Gruppen, die seine Botschaft angesprochen hat, übersetzt und in vielen Sprachen veröffentlicht. Er ist zudem Mitherausgeber der Zeitschrift *Share International*, die monatlich in über 70 Ländern erscheint. Creme erhält für seine Arbeit keine Bezahlung und macht keinen persönlichen geistigen Rang geltend.

Im Hauptkapitel diese Buches werden elementare esoterische Lehrsätze behandelt; es ist die Aufzeichnung eines Interviews, das Rollin Olsen im November 1994 in Los Angeles mit Benjamin Creme geführt hat. Falls Lesern dieses Thema neu sein sollte, empfehlen wir, zunächst das esoterische Glossar am Ende des Buches zu lesen, um sich mit häufig wiederkehrenden Begriffen vertraut zu machen. Wer sich tiefer mit den Mysterien des Universums befassen möchte, findet hierzu Literaturhinweise.

"*Wenn ihr mich seht und hört, werdet ihr feststellen, dass ihr die Wahrheiten, die ich verkünde, seit langem kennt... Diese einfachen Wahrheiten, meine Freunde, liegen allem Sein zugrunde. Teilen und Gerechtigkeit, Brüderlichkeit und Freiheit sind keine neuen Konzepte. Seit Anbeginn der Zeit hat die Menschheit ihre Hoffnung auf diese lockenden Sterne gesetzt. Jetzt, meine Freunde, werden wir sie vom Himmel holen und in der Welt verankern.*"

Maitreya, der Weltlehrer, aus Botschaft Nr. 105 vom 5. Juni 1980

Lehren der zeitlosen Weisheit

Interview mit Benjamin Creme von Rollin Olson

Rollin Olson: Die Menschen scheinen täglich darüber zu reden, wie die Dinge ausser Kontrolle geraten. Korruption ruiniert die Länder, Wirtschaftssysteme kollabieren, Menschen verlieren ihre Arbeit, sie werden obdachlos, das Familiensystem bricht auseinander. Viele Menschen sehen keinen rechten Sinn mehr im Leben. Andere hoffen weiterhin auf Umkehr. Sehen Sie noch Hoffnung für die Zukunft?

Benjamin Creme: Ja, durchaus! Ich denke, vor der Menschheit liegt eine Zukunft, grossartiger als alles, was die Welt bisher erlebt hat.

RO: Aber wie, in Anbetracht all der heutigen Probleme?

BC: Diese Probleme halte ich für vorübergehend. Sie sind die Folge gewaltiger, neuer kosmischer Energien, die unsere Welt beeinflussen und das gegenwärtige, vorübergehende Chaos hervorrufen. Ich glaube, die uns angeborene Göttlichkeit, sie ruht potentiell in jedem Menschen, wird stark genug sein, um uns einen Weg aus diesen Problemen zu zeigen. Dadurch werden wir die Voraussetzungen schaffen, unter denen nicht nur das Weiterbestehen der Menschheit garantiert ist, sondern auch eine Zivilisation aufgebaut werden kann, die unsere kühnsten Hoffnungen erfüllt.

RO: Sie sagen "angeborene Göttlichkeit". Wer sind wir also wirklich?

BC: Im Grunde genommen sind wir inkarnierte Götter. Entscheidend ist für uns zu erkennen, dass wir eine dreifältige Konstitution besitzen: Wir sind ein Funke Gottes. Jede Religion hat das postuliert und die Idee der Göttlichkeit seit Jahrtausenden in der Menschheitsgeschichte vertreten. Das lässt sich auch genauso wissenschaftlich betrachten. Als Esoteriker würde ich es folgendermassen beschreiben: der göttliche Funke ist in seiner Schwingung so fein, so rein, dass er sich nicht direkt auf der physischen Ebene manifestieren kann. Er spiegelt sich daher in Gestalt der individualisierten Seele wider. Die Seele ihrerseits spiegelt sich wider in der menschlichen Persönlichkeit mit ihrem physi-

Benjamin Creme (links) mit Rollin Olsen

schen, emotionalen und mentalen Körper. Über die Persönlichkeit auf der physischen Ebene vollzieht die Seele ihren Reinkarnationsprozess so lange, bis der Mensch (als Mann oder Frau) auf der physischen Ebene schliesslich die Qualität der Seele vollkommen widerspiegelt, also die göttliche Qualität als Funke Gottes.

RO: Was verhindert, dass wir diese Göttlichkeit unmittelbar jetzt leben?
BC: Vor allem der Widerstand der groben physischen Ebene, die eine Beschränkung für unsere Göttlichkeit ist. Bei den Menschen äussert sich das in Form von Egoismus. Dadurch werden politische, wirtschaftliche und gesellschaftliche Bedingungen geschaffen, die auch weiterhin den Ausdruck unserer Göttlichkeit verhindern. Wenn die jetzigen Veränderungen fortschreiten und sie die eigentlich *spirituelle* Natur der Menschheit reflektieren, werden wir auch die politischen, wirtschaftlichen, religiösen, sozialen und wissenschaftlichen Voraussetzungen schaffen, unter denen die Göttlichkeit, die allen Menschen innewohnt, sich offenbaren kann.

RO: Welchen Lebenssinn haben wir mit dieser angeborenen Göttlichkeit, welches Ziel streben wir in dem Fall als Menschengeschlecht an?
BC: Der Sinn des Menschseins liegt darin, Materie in Geist umzuwandeln. Wir sind Geist in Materie, der sich auf dieser relativ niederen Ebene inkarniert hat (aus der Sicht des Mineral-, Pflanzen- oder Tierreichs handelt es sich allerdings um eine relativ hohe Ebene). Das menschliche Wesen, mit dem physischen, emotionalen und mentalen Körper, ist aus der Warte des Geistes keine genaue Wiedergabe der Göttlichkeit. Der Evolutionsprozess bewirkt die Vergeistigung des Körpers und folglich der Materie an sich. Wir sind hier, um Materie zu spiritualisieren, um die Materie unseres physischen, emotionalen und mentalen Körpers mit der vollkommenen Qualität der Seele zu durchdringen, also mit vollkommenem Geist, reflektiert vom Funken Gottes.

RO: Generell sprechen wir von unserem Körper, unseren Gefühlen, unseren Gedanken. Sie sprechen nun von einem konkreten Körper der Gefühle und des Denkens, noch zusätzlich zu dem verdichteten physischen Körper?
BC: Ja, richtig. Das sind Instrumente für den Geist-Aspekt, der durch die Seele arbeitet, um auf dieser Ebene zu wirken. Wir erschaffen tatsächlich nach und nach über den Prozess von Inkarnation und Reinkarnation einen

Körper, durch den sich der Geist-Aspekt bis zu einem *sehr hohen* Grad manifestieren kann. Gelingt uns das, sind wir vollendete Meister geworden.

Esoterik

RO: Mir scheint, was Sie beschreiben, gehört strenggenommen nicht in den Bereich der Religion. Ist es richtig, wenn ich es als eine umfassendere Sicht der Dinge bezeichne?

BC: Das stimmt, es handelt sich um eine verbindende Lehre. Die zeitlosen Weisheitslehren, die Esoterik, wie sie auch genannt werden, sind keine Religion. Sie ist strenggenommen auch keine Philosophie, weder Kunst noch Wissenschaft und hat doch von alledem etwas.

Man könnte sagen, Esoterik ist die Philosophie oder Wissenschaft des evolutionären Prozesses, soweit er das menschliche Reich und die subhumanen Reiche betrifft. Dabei geht es um die Entwicklung des *Bewusstseins*. Wenn Sie allerdings etwas über die Entwicklung der physischen Form wissen wollen, lesen Sie Darwin – er hat die Evolution des *Formaspekts* recht anschaulich zusammengefasst. Hinsichtlich der Bewusstseinsentwicklung sollte man sich aber der Esoterik zuwenden – esoterisch insofern, als alles Esoterische nach und nach exoterisch wird. Nichts, was die Menschheit gefahrlos anwenden kann, wird jemals zurückgehalten. Es liegt also an uns, wieviel von diesen Lehren jeweils weitergegeben werden kann.

RO: Lassen Sie mich einige Begriffe klären, bevor wir weitergehen. Was ist der Unterschied zwischen 'esoterisch' und 'okkult', Begriffe, die oft synonym benutzt werden?

BC: Beide bedeuten 'verborgen', das heisst verborgen für eine gewisse Zeitspanne, nicht für immer. Verborgen deshalb, weil die Lehren zu diesem Zeitpunkt der menschlichen Evolution den meisten Menschen, bis auf einige wenige Eingeweihte und Jünger, die sie weitergeben, grösstenteils unbekannt sind und von ihnen auch nicht akzeptiert würden. Der Menschheit im allgemeinen sind sie unbekannt, daher esoterisch oder okkult. Das Wort 'okkult' wird von verschiedenen religiösen Gruppierungen mit negativen Assoziationen belegt; Okkultismus wird als etwas Dunkles, Böses angesehen, das mit verruchten

Charles Darwin

Praktiken, Teufelsanbetung und Ähnlichem zu tun hat. So wird das Wort okkult völlig missverstanden. Okkult bedeutet schlicht und einfach verborgen, um ganz genau zu sein, das verborgene Wissen oder die Wissenschaft von den *Energien* hinter dem evolutionären Prozess. Esoterik wäre eher als die Philosophie des evolutionären Prozesses zu sehen und Okkultismus als die Wissenschaft von den Energien, die diesen Prozess vorantreiben.

Quellen der Lehren

RO: Aus welchen Quellen stammen Ihre Informationen?

BC: Die zeitlosen Weisheitslehren sind so alt wie die Menschheit selbst. Sie sind die Lehren einer Gruppe von Menschen, die das rein menschliche Stadium überschritten hat und in das nächste Reich, und zwar das geistige, hineingewachsen ist. Sie sind die Meister der Weisheit und die Herren des Mitgefühls. Sie sind Männer und Frauen wie wir, die ihr Bewusstsein ausgedehnt haben, um die geistigen Ebenen miteinzubeziehen. Es gibt auf unserem Planeten viele erleuchtete Menschen. Sie leben seit Tausenden von Jahren in abgelegenen Berg- und Wüstenregionen. Von Zeit zu Zeit geben sie Aspekte ihrer Lehren weiter, soweit wir sie in uns aufnehmen und zu unserer Erleuchtung nutzen können.

Zwischen 1875 und 1890 wurden diese Lehren hauptsächlich durch Helena Petrovna Blavatsky veröffentlicht, sie ist eine der Gründerinnen der Theosophischen Gesellschaft. Ihr Buch *Die Geheimlehre* ist die Vorbereitungsphase der Lehren für den neuen kosmischen Zyklus, in den wir jetzt eintreten und den wir das Zeitalter des Wassermanns nennen. Später, zwischen 1919 und 1942 wurden sie von dem tibetischen Meister Djwhal Khul durch die englische Jüngerin Alice A. Bailey verbreitet, das war die

Zwischenstufe der Lehren. Zwischen 1924 und 1939 wurde ein weiteres Wissengebiet – die Agni Yoga Lehren – durch die russische Jüngerin Helena Roerich vermittelt. Durch diese Lehren der zeitlosen Weisheit wird die Menschheit über die ihr innewohnende Göttlichkeit unterrichtet und über ihren Evolutionsweg, der sie zur Vollendung führt.

RO: Wie haben Blavatsky und Bailey ihre Informationen erhalten?

BC: Madame Blavatsky erhielt sie von einer

Alice A. Bailey

Gruppe von Meistern, mit denen sie einige Jahre im Himalaya lebte. Die Meister haben den Entwicklungsprozess, den wir noch durchlaufen, schon abgeschlossen. Sie haben erfahren, wie er vor sich geht und was Evolution bedeutet. Sie sind Meister, nicht in einem amtlichen Sinne, sondern Meister ihrer selbst und Meister der Kräfte. Sie haben ein umfassendes Bewusstsein und die Herrschaft auf allen Ebenen dieses Planeten.

RO: Ich nehme an, dass die grössten Lehrer aller Zeitalter auf dieser Ebene menschlicher Vollendung angesiedelt sind.
BC: Genauso ist es. Jeder neue kosmische Zyklus, wir beginnen gerade einen neuen, das Zeitalter des Wassermanns, ruft einen Lehrer in die Welt. Menschen wie Herkules und Hermes, Rama, Mithra, Jesaja, Zarathustra, Konfuzius, Krishna, Shankaracharya, der Buddha, der Christus, Mohammed – sie alle sind Meister desselben spirituellen Zentrums des Planeten, das die Geistige oder Esoterische Hierarchie genannt wird, und das aus Meistern und deren Eingeweihten und Jüngern unterschiedlicher Grade besteht. Es ist auch bekannt als das Reich Gottes oder das Reich der Seelen.

RO: Also eher ein Seinszustand als ein Ort?
BC: Ja. Die Christen warten auf das Reich Gottes, das auf die Erde herabkommt, wenn wir endlich gut genug sind, es zu verdienen. In Wirklichkeit ist es immer da, hinter den Kulissen. Es wird aus Männern und Frauen gebildet, die sich durch die Erweiterung ihres Bewusstseins als dafür geeignet erwiesen haben und somit ihre Göttlichkeit unter Beweis stellen.

RO: Ist das in den Schriften 'das himmlische Reich in unserer Mitte'?
BC: Christus sagte durch Jesus, dass das himmlische Reich in uns ist. Sucht danach nicht ausserhalb von euch, oder im Himmel. Es ist in euch. Und das ist es auch, als Bewusstsein. Besitzt man dieses Bewusstsein, befindet man sich im Reich Gottes.

Gott
RO: Was ist mit Gott? Wer ist er? Wo ist er? In welcher Beziehung steht er zur Geistigen Hierarchie und zu uns?
BC: Esoterisch bedeutet Gott die Gesamtsumme aller Gesetze und aller Energien, die durch diese Gesetze geregelt werden, im manifestierten und im nicht manifestierten Universum. Gott ist also unpersönlich. Dennoch

ist dieser transzendente Gott manifest in jedem Aspekt der Schöpfung, auch in uns. Wir sind nicht getrennt von der Schöpfung, von Gott. Jedes menschliche Geschöpf hat das Potential des Wissens, des Gewahrseins, all dessen in der Schöpfung, was wir uns als Gott vorstellen können.

Die Meister sind Gott-verwirklicht. Das ist ein ganz spezieller Zustand – sie haben ihr Bewusstsein im Sinne des göttlichen Funkens, des Absoluten, des Selbst in vollständiges Einssein gebracht mit sich als Mensch auf der stofflichen Ebene. Die Persönlichkeit und der göttliche Aspekt sind vollständig integriert.

RO: Wie ist es mit dem nicht verkörperten Gott?

Gott ist ebenso das grosse kosmische Wesen, das diesen Planeten beseelt. Dieser Planet in all seiner Festigkeit, mit seinen Städten, Flugzeugen, Fernsehstudios und vielem mehr, ist tatsächlich Ausdruck eines kosmischen Wesens, das ihm Leben verleiht, und das für alle Naturreiche, einschliesslich unseres Menschenreiches, einen Evolutionsplan hat. Es findet in der Tat vom Mineralreich bis hin zum Reich Gottes ein Evolutionsprozess statt, der in seiner Gesamtheit den Planeten zu einem vollkommenen Ausdruck einer Gedankenform im Denken des schöpferischen Logos macht.

RO: Sie sagten, Gott beseele diesen Planeten. Gibt es darüberhinaus einen anderen Gott, eine höhere Bewusstseinsebene?

BC: Ja. Es gibt einen Gott, der das Sonnensystem beseelt. Unser planetarischer Logos ist nur ein Teil, ein Zentrum im Körper des solaren Logos, der wiederum ein Zentrum im Körper des galaktischen Logos ist. Und so fort, Galaxie nach Galaxie. Gott ist unbegrenzt, er ist transzendent und immanent in jedem Teil der Schöpfung. Jeder Aspekt Gottes, einschliesslich uns, hat die Fähigkeit, eines Tages all das zu wissen und zu sein und mit den Energien zu arbeiten, die das Universum erschaffen.

Gott ist alles, was existiert, und der ganze Raum zwischen allem, was existiert, zwischen Ihnen und mir, und allem, was uns umgibt und dem, was alles umgibt. All das ist Gott. Gott manifestiert sich durch seine Schöpfung, die aus Energien einer bestimmten Schwingungsfrequenz geschaffen wurde. Die Form hängt von der entsprechenden Frequenz des Kerns und den Elektronen dieser Formen ab. Der modernen Wissenschaft ist es gelungen, zelluläre Strukturen aufzuspalten und zu zeigen, dass im Zentrum jeden Atoms ein von Elektronen umgebener Kern mit einer bestimmten Schwingungsrate existiert, und dass jedes Atom im Universum gleich aufgebaut ist. Alles ist Energie im manifestierten Universum. Der Unterschied zwischen dieser wissenschaftlichen Sicht und der des Esoterikers liegt nur darin, dass der Esoteriker noch weiter geht und sagt, es ist wirklich alles Energie, und Energie folgt dem Gedanken und wird durch den Gedanken bewegt. Der Gedanke ist die wirkende Kraft, durch die Schöpfung stattfindet.

Energien

RO: Das ist eine herausfordernde Erklärung. Könnten Sie dafür ein praktisches Beispiel geben?

BC: Die grosse Pyramide von Gizeh wurde durch Gedankenkraft erschaffen. Die Steinblöcke wurden wirklich durch Gedankenkraft bewegt. Wenn man weiss wie, ist das ganz leicht. Sie stellen eine Formel auf, wie beispielsweise $E = mc^2$, Einsteins grundlegende Formel, die unsere gesamte Ansicht von Energie und Materie verändert hat: Energie ist gleich Masse mal dem Quadrat der Lichtgeschwindigkeit, die ca. 300 000 km/s beträgt. Diese Formel hat unsere Physik reformiert. Materie und Energie sind offensichtlich austauschbar. Wenn Sie das berücksichtigen, können Sie ein Mantra bilden. Die Formel $E = mc^2$ kann in ein Mantra umgewandelt werden. Wenn man das Mantra in korrekter Weise intoniert, kann man Gegenstände überallhin bewegen. Man lässt die Energie des Denkens auf die freie ätherische Energie einwirken, die jeden Steinblock und jedes menschliche Wesen, jeden Fisch und so fort umgibt. All das ist Materialisation ätherischer Energie. Genauso können Steine gewichtlos gemacht werden, da das Gewicht mit der trägen Masse und Schwerkraft zu tun hat. Bildet man das Mantra aus der Formel und intoniert es, kann man den Stein von hier nach dort bewegen. Wir werden das in nächster Zukunft tun können.

RO: Worin liegt Ihrer Meinung nach der grösste Segen, wenn man begreift, dass allem Energie zugrundeliegt?

BC: Wir bringen damit das Universum unter Kontrolle, beherrschen die Materie. Das ermöglicht uns, per Gedankenkraft innerhalb von Sekunden an jedem x-beliebigen Ort der Welt zu sein. Es erlaubt uns auch unmittelbare Kommunikationsformen, wie die Telepathie.

RO: Dabei handelt es sich nicht um Zaubertricks?

BC: Nein, das hat nichts mit Tricks zu tun. Das sind natürliche Fähigkeiten aller Menschen, sie müssen nur noch entwickelt werden.

RO: Und diejenigen die sie schon entwickelt haben, stehen an einem Wendepunkt, zu dem wir alle aufgrund unserer Bestimmung noch gelangen werden?

BC: Genau. Telepathie ist eine natürliche Fähigkeit des Menschen. Die meisten erfahren sie nur gelegentlich. Mutter und Kind können eine sehr enge telepathische Verbindung haben. Nicht, dass sie Wort für Wort wissen, was der andere denkt, aber wenn dem Kind etwas passiert, weiss die Mutter das, sie fühlt, dass das Kind in Gefahr ist und wird entsprechend handeln. Das haben wir mit dem Tierreich gemeinsam. Tiere haben denselben emotionalen, instinkthaften, telepathischen Kontakt. Verlagert man das auf die Mentalebene, gibt es eine direkte Kommunikation von Gedankenebene zu Gedankenebene. Ein Meister kommuniziert mit seinem Jünger über Telepathie; gewöhnlich zeigt er sich nicht physisch. Er könnte im Himalaya oder in den Anden, den Rocky Mountains oder sonstwo sein, sein Jünger in New York, London oder Genf, und doch kann er sich unmittelbar unterhalten.

RO: Auf Kirlianfotografien konnte ich die Energien, die den physischen Körper umgeben, sehen und ich weiss auch, dass die Wissenschaft Fortschritte bei der Sichtbarmachung oder Messung dieser Energien gemacht hat. Wie ist das auf der Gefühls-, Verstandes- und Gedankenebene? Können auch da die Energien gemessen werden?

BC: Das wird noch kommen. Was zur Zeit gemessen wird, ist eine Energieebene, die von der Wissenschaft bisher noch nicht bewiesen wurde, es handelt sich um die ätherischen Ebenen physischer Energie. Die moderne Wissenschaft erkennt nur drei Ebenen an: feste, flüssige und gasförmige Materie. Aber oberhalb der gasförmigen Ebene gibt es vier weitere Zustandsformen von Materie, die streng genommen materiell sind, eine jede feiner als die darunterliegende. Diese feinstofflichen Ebenen der Materie werden als Nächstes in der stofflichen Welt erforscht und schliesslich von der modernen Wissenschaft bewiesen werden. Dann werden die feinstofflichen Ebenen eine Tatsache und immer mehr Menschen werden mit der Fähigkeit geboren werden, besagte Ebene der Materie zu sehen. Hierbei handelt es sich wirklich um eine bestimmte Lebenskraft und um einen doppelten Brennpunkt: man sieht das Physische, und wenn man den Fokus ändert sieht man das Ätherische. Beides existiert. Das Physische ist der Niederschlag des Ätherischen.

Die Sieben Strahlen

RO: Wie ist es mit Energien von sozusagen höheren Sphären oder höheren Ebenen?

BC: Die esoterische Wissenschaft postuliert sieben Energieströme oder Strahlen, deren Ineinanderwirken alles im Kosmos, in jeder denkbaren Frequenz, erschafft. Jeder Strahl ist Ausdruck eines grossen kosmischen Lebensträgers, der seine ureigene energetische Qualität in allen Trägern beweist, durch die er sich manifestiert, ob das nun ein Sandkorn, ein Menschenwesen, oder ein Sonnensystem ist. Wenn man sagt, dass ein Mensch, eine Nation oder ein Planet beispielsweise 'auf' dem 1. oder 2. Strahl ist, bedeutet das, sie sind von diesem Strahl geprägt und bringen dessen Qualität zum Ausdruck.

Der Siebenerrythmus findet sich ja auf vielen Ebenen und in vielen Lebensbereichen: die sieben Farben des Regenbogens, die sieben Noten der Tonleiter, die sieben Existenzebenen, die sieben heiligen Planeten, und so fort. Und um bei diesem Schema zu bleiben, es gibt sieben Strahlen-Typen bei den Menschen.

RO: Wie beschreiben Sie diese Strahlen?

BC: Es gibt drei Primärstrahlen, oder Strahlen der Aspekte und vier Sekundärstrahlen der Attribute. Gewöhnlich zählt man sie wie folgt auf:

Die Strahlen der Aspekte:
1. Strahl der Macht, des Willens oder der Absicht
2. Strahl der Liebe-Weisheit
3. Strahl der aktiven, kreativen Intelligenz

Die Strahlen der Attribute:
4. Strahl der Harmonie durch Konflikt oder der Schönheit oder der Kunst
5. Strahl der konkreten Wissenschaft oder des Wissens
6. Strahl des abstrakten Idealismus oder der Hingabe
7. Strahl der zeremoniellen Ordnung oder Magie, des Rituals oder der Organisation

RO: Wie beeinflussen diese Strahlen den Menschen?

BC: Wir werden alle hauptsächlich von fünf Strahlenkräften gelenkt: dem Seelenstrahl, der durch unzählige Äonen der gleiche bleibt; dem Persönlichkeitsstrahl, der von Leben zu Leben variiert, bis alle Qualitäten entfaltet sind; dem Strahl, der den Mentalkörper prägt, dem Strahl der astral-emotionalen Anlage, und dem Strahl des physischen Körpers, einschliesslich des Gehirns. Sie wechseln alle zyklisch. Jeder Strahl wirkt hauptsächlich durch ein Zentrum (oder Chakra), und gemeinsam bestimmen sie den Körperbau, das Aussehen, die Gefühlsnatur und die Qualität der mentalen Ausrüstung. Sie prädisponieren uns für bestimmte Geisteshaltungen und bestimmte Stärken und Schwächen, die wir Tugenden oder Untugenden eines Strahls nennen.

Als Beispiel, der 1. Strahl des Willens oder der Macht, der Beständigkeit und Weitsicht. Zu seinen Untugenden gehören Stolz, Ehrgeiz, Eigenwilligkeit und der Wunsch, andere zu beherrschen. Der 2. Strahl der Liebe-Weisheit, besitzt die Qualität der Liebe, hat Einfühlungsvermögen und die Fähigkeit, den Standpunkt eines anderen zu verstehen. Andererseits kann er sich anderen gegenüber auch gleichgültig verhalten, selbstsüchtig und misstrauisch sein, je nachdem, auf welchem Körper er zum Ausdruck kommt.

Die Seele zeigt nur die Stärken oder Tugenden eines Strahls, die unvollkommene Persönlichkeit hingegen zeigt mehr oder weniger die Schwächen oder Untugenden. Das evolutionäre Ziel besteht darin, die Untugenden der Strahlen umzuwandeln in ihren höheren Aspekt, also in ihre Tugenden.

RO: Welchen Vorteil hat es, die Strahlen, die sich durch einen manifestieren, zu kennen?
BC: Die Kenntnis der eigenen Strahlen verschafft Einblick in die eigenen Stärken und Grenzen, in die Linie des geringsten Widerstandes in diesem Leben; auch die Brücken und Barrieren zwischen einem selbst und anderen. Menschen mit ähnlicher Strahlenausrüstung sehen die Dinge meist vom gleichen Standpunkt aus und packen das Leben auf ähnliche Weise an, während Menschen mit sehr unterschiedlichen Strahlen es schwer haben, für die Einstellung und Meinung des anderen Verständnis aufzubringen. Das lässt erkennen, wie dieser Faktor die Qualität einer Ehe oder den Umgang mit den eigenen Kindern beeinflusst.

RO: Das klingt nach einem neuen Zugang zur Psychologie.
BC: Ja, genau, unsere jetzige Psychologiewissenschaft steckt noch in den Kinderschuhen. Sie sucht das Wirken der menschlichen Psyche zu verstehen und die Stresssymptome und -störungen abzubauen. Vieles bleibt noch unzugänglich, solange man den Menschen nicht als eine inkarnierte Seele begreift, die von bestimmten Strahleneinflüssen gelenkt wird. Die See-

le wählt die Strahlen für die Persönlichkeit und deren Träger. Die neue Psychologie, bisher noch esoterisch, wird von diesen Voraussetzungen ausgehen.

RO: Sie haben gesagt, dass sich die Strahlen durch die gesamte Schöpfung offenbaren. Wie wirkt sich das auf einer höheren als der menschlichen Ebene aus?

BC: Also gut, als Beispiel, jede Nation wird von zwei Strahlen bestimmt: dem Seelenstrahl, der die höchsten, wenn auch noch nicht gelebten Ideale einer Nation beschreibt; und dem niedrigeren Persönlichkeitsstrahl, der die egoistischen, nationalen Wünsche der Menschen bestimmt.

Betrachtet man die Geschichte aus der Kenntnis der Strahlen, die die Nationen und Völker prägen, sieht man sie in einem völlig anderen Licht. Es wird ersichtlich, warum bestimmte Nationen sich verbünden, während andere wenig gemeinsam haben, und sich gewöhnlich eher feindselig begegnen. Auch warum bestimmte Ideen, Bewegungen und Religionen in einer Epoche ihre Blütezeit erleben und in einer anderen wieder untergehen, warum Länder in einer Zeit grossen Einfluss in der Welt haben, andere sozusagen brachliegen und auf ihre Zeit warten, bis der Stimulus eines hereinkommenden Strahles sie erweckt.

RO: Was meinen Sie mit einem 'hereinkommenden Strahl'?
BC: Wie alles im Kosmos, haben auch die Strahlen Zeiten der Aktivität und der Nicht-Aktivität, wie Ebbe und Flut. Im Falle der Strahlen erstrekken sich diese Zyklen über Tausende von Jahren und sie sind durch den Plan des Logos festgelegt.

RO: Welcher Strahl oder welche Strahlen sind jetzt wirksam, und welche Auswirkungen hat das auf die Menschheit?
BC: Der 7. Strahl der zeremoniellen Ordnung oder des Rituals ist (seit 1675) dabei sich zu manifestieren. Der 6. Strahl des abstrakten Idealismus oder der Hingabe ist (seit 1625) im Schwinden. Unsere gegenwärtigen Probleme beruhen auf der Tatsache, dass diese beiden hochpotenten Energien gleichzeitig und mit gleicher Stärke wirken.

Die Folge davon ist die politische, wirtschaftliche, religiöse und soziale Spaltung der Welt in zwei Gruppen, die auf der ganzen Erde gegeneinander stehen. Auf der einen Seite die Exponenten des 6. Strahls, die sich aus Liebe zu den alten Strukturen an die überholten Formen klammern und einen letzten Stellungskrieg zu ihrer Erhaltung führen. Dazu gehören die konservativen, reaktionären Kräfte in allen Teilen der Welt. Zu den anderen, den progressiven Kräften, zählen diejenigen, die fähig sind, auf die neu hereinkommenden Energien zu reagieren und die spüren, dass es neuer, lebendigerer Formen bedarf, in denen sich dann die Zivilisation des neuen Zeitalters verwirklichen kann. Die Ungeduldigsten möchten am liebsten alles wegwischen, Gutes wie Schlechtes, und sie brauchen die zügelnde Hand der Hierarchie, die sie zurückhält, um einen geordneten Übergang zu ermöglichen.

Gemäss dem göttlichen Plan bereitet jeder Strahl den Weg für seinen Nachfolger vor. Der 7. Strahl verbindet Geist mit Materie und formt somit aus diesen Gegensätzen eine Synthese. Durch seine Vertreter wird er die Ideale und Visionen der vorangegangenen Zyklen auf der physischen Ebene als Realität zum Ausdruck bringen.

Wiedergeburt und Reinkarnation

RO: Sie erwähnten vorher, dass die Gott-Verwirklichung das Ziel des menschlichen Lebens sei. Das lässt sich natürlich nicht in einer Lebensspanne erreichen. Bekommen wir dazu erneut eine Chance?
BC: Der Evolutionsprozess basiert auf der Wiedergeburt: Reinkarnation ist die Methode unserer Bewusstseinsentwicklung.

RO: Wie läuft das ab?
BC: Seelengruppen kommen durch zwei Grundgesetze zur Inkarnation: durch das Gesetz der Wiedergeburt und durch das Gesetz von Ursache und Wirkung. Das primäre Gesetz ist das Gesetz von Ursache und Wirkung, das auf unterschiedliche Art betrachtet werden kann. Wissenschaftlich gesehen könnte man sagen, es ist das Gesetz von Aktion und Reaktion, die, wie Sie sicher wissen, sowohl gegensätzlich wie auch entsprechend sind. Im religiösen Sinne wird das im Alten Testament dargestellt durch die Forderung Gottes "Auge um Auge, Zahn um Zahn" eher streng, kalt und unerbittlich, ja fast zum Fürchten. Christus, als Jesus, beschreibt das im christlichen Evangelium einfach als den Prozess, durch den man erntet, was man sät, so einfach, dass es uns nicht mehr einfällt.

Alles, was wir denken und tun, schafft nach diesem Gesetz eine Ursache, wir schaffen also immerzu Ursachen. Die Auswirkungen aus diesen Ursachen bestimmen unser Leben, im Guten wie im Schlechten. In diesem Moment gestalten wir bereits das weitere Leben und auch das nächste Leben. Auf diese Weise entsteht Karma. Das Gesetz des Karma ist nichts anderes, als das Gesetz von Ursache und Wirkung. Die Auswirkungen unserer früheren Handlungen, ob gut oder schlecht, schaffen die Bedingungen für unser jetziges Leben und die Handlungen unseres jetzigen Lebens schaffen die Bedingungen für die nächste Lebensperiode jetzt, oder wenn wir in einem anderen Körper wiederkommen.

Auf wundersame Weise erschafft sich die Seele eine Reihe von Körpern, bis sie sich schliesslich tatsächlich als eine Seele erweist. Das deutet dann das nahe Ende des Evolutionsprozesses an. Es braucht Hunderte, ja Tausende von Inkarnationen, bis dieser Punkt erreicht ist. Sobald er erreicht ist und die Seele feststellt, dass ihr Spiegelbild (der Mann oder die Frau), auf ihre Seelenqualität reagiert und immer göttlicher wird – also selbstloser, altruistischer, mehr auf andere Menschen bedacht, nicht nur auf die Erfüllung der eigenen Wünsche – stimuliert sie ihr Instrument und leitet den abschliessenden Prozess der Evolutionsreise ein – den Prozess der Initiation.

Die Initiation wurde eingeführt, um den Evolutionsprozess zu beschleunigen. Wir könnten uns auch ohne Initiation weiterentwickeln, sie ist nicht unbedingt notwendig. Wir würden aber Millionen Jahre länger brauchen, um an den Punkt unserer jetzigen Entwicklung zu gelangen. Bis hin zur Perfektion, oder Vollkommenheit, bedarf es fünf planetarischer Haupteinweihungen.

RO: Wir betrachten die Reinkarnation eher als Bestandteil der östlichen Religionen. Warum kommt sie in den westlichen Religionen nicht vor?
BC: Sie war Teil der westlichen Religionen, wurde aber herausgenommen. Sie wurde auch von Jesus gelehrt und war für die Menschen, die ihn umgaben, selbstverständlich. Es gibt Abschnitte in der christlichen Bibel, die deutlich machen, dass seine Jünger den Reinkarnationsgedanken verstehen konnten und auch akzeptierten.

RO: Zum Beispiel?
BC: Als sie über Johannes den Täufer sprachen, fragten die Jünger Jesus: "Wer ist Johannes? Wer ist dieser aussergewöhnliche Mann, der in der Wüste predigt?" Und Jesus sagte: "Erinnert ihr euch nicht, was ich euch gesagt habe? Er ist Elias, der wiedergekommen ist." Ein anderes Mal, als er einen blinden Mann heilte, fragten sie: "Wer hat gesündigt, dieses Kind oder sein Vater, dass das Kind blind geboren wurde?" Mit anderen Worten, war es das Karma des Vaters, der wegen einer Missetat in einem früheren Leben ein blindes Kind bekommen musste, oder war es das Karma des Kindes, irgendeine Missetat in einem früheren Leben, die verlangte,

dass es blind geboren wurde? Viele der frühen Kirchenväter, wie beispielsweise Origenes, lehrten die Reinkarnation.

RO: Was geschah damit?
BC: Dem Kaiser Justinian und seiner Gemahlin passte die Reinkarnationslehre nicht, und so zwangen sie die Kirchenväter, sie herauszunehmen. Im 6. Jahrhundert wurde sie dann nicht mehr in die Bibel aufgenommen, bis auf die wenigen aufgezeigten Beispiele.

Aber selbst im Osten herrscht eine ziemliche Unsicherheit über die Reinkarnation. Buddhisten akzeptieren sie, Hindus akzeptieren sie. Alle östlichen Religionen akzeptieren sie als Tatsache, betrachten sie aber auf eine etwas fatalistische Weise. Wird man beispielsweise in Indien in eine sehr arme Familie hineingeboren, gehört man dort zu den sogenannten "Unberührbaren". Die Ansicht herrscht vor, dass dies auf Missetaten in einem früheren Leben zurückzuführen ist und man dagegen nichts machen kann. Lebenslang gehört man dann zu den Unberührbaren, ist verurteilt zu einem Leben in Armut und wird von anderen, da man ja zum Armsein "bestimmt" ist, umso mehr ausgebeutet. Es ist so, als ob es keine Änderung geben dürfe, denn die Armut, die Unberührbarkeit, wird als Strafe für Missetaten akzeptiert. Es gibt aber in diesem Zusammenhang keine Strafe, keine Bestrafung. Es handelt sich um die Auswirkung des Gesetzes von Ursache und Wirkung: das ist etwas ganz Unpersönliches. Die Armut und das Leid könnten durch gesellschaftliche Veränderungen beendet werden, ganz unabhängig vom individuellen Karma.

RO: Das Leben ist also eine erneute Gelegenheit, uns auf der evolutionären Leiter hochzuarbeiten, was aber geschieht zwischen den Leben? Was geschieht mit uns nach dem Tod?
BC: Das hängt von unserem Evolutionsstand ab. Weniger fortgeschrittene Menschen (und das sind die meisten), kommen schnell in die Inkarnationskette zurück. Der starke Magnet der Evolution zieht uns immer und immer wieder zurück in die Inkarnation. Da wir viel zu lernen haben, müssen wir, um überhaupt Fortschritte zu machen, wieder und wieder durch die praktische Lebenserfahrung belehrt werden. Weiter fortgeschrittene Menschen inkarnieren sich als Gruppen, Familien und Grossfamilien. Wir waren wiederholt Mutter, Vater, Bruder, Schwester, Kind, Grossvater und so fort in den Beziehungen zueinander. Auf diese Art entstehen karmische Verbindungen. Karmische Verbindungen halten die Gruppen zusammen und ermöglichen uns, innerhalb eines relativ engen Kreises, unsere

karmischen Verstrickungen aufzuarbeiten, bis wir sie aufgelöst haben. Wenn wir es im täglichen Umgang schaffen, nicht zu schaden, nicht zu verletzen, überwinden wir das Karma. Es kommt ein Zeitpunkt, an dem die Seele sich so stark durch ihr Spiegelbild, den inkarnierten Mann oder die Frau, manifestiert, dass der Mensch kein negatives Karma mehr ansammelt und immer harm-loser wird. Daraus kann man ersehen, dass es sinnvoll ist, in all unseren Beziehungen so zu handeln, dass wir nicht verletzen, dass wir harm-los sind. Verhalten wir uns destruktiv, schaffen wir negatives Karma, das wir dann wieder aufarbeiten müssen. Wir kommen mit diesem gesamten Karma hier an, mit dem Missgeschick, mit den Mühen, dem Leid, das wir dann als Unglück betrachten. Es handelt sich hier aber nicht um Unglück, sondern um die direkte Auswirkung unseres Karmas.

RO: Sie sprachen von der Seele und vom Körper. Was geschieht mit dem Mechanismus der beiden zwischen den Inkarnationen? Geht zum Beispiel, wenn wir sterben, die Seele an einen Ort und der Körper an einen anderen?
BC: Ja. Der Körper wird zu Staub. Nur das eine permanente Atom des Körpers bleibt bestehen, zusammen mit einem permanenten Atom des Emotionalkörpers und einem des Mentalkörpers. Um diese drei permanenten Atome bildet die Seele den neuen Körper, auf der physischen, der emotionalen und auf der Mentalebene. Wir kommen in die Inkarnationskette zurück auf exakt derselben Stufe, mit derselben Frequenz, der Frequenz dieser drei permanenten Atome, wie wir sie verlassen haben.

RO: Was aber geschieht zwischen den Lebenszeiten?
BC: Auch das hängt wieder von unserer Entwicklungsstufe ab. Für weniger Fortgeschrittene verbleibt nicht viel Zeit zwischen den Inkarnationen. Wir inkarnieren dann in einem raschen Wechsel. Weiter Fortgeschrittene verbringen mehr Zeit im sogenannten *Pralaya*. Das Pralaya entspricht der christlichen Vorstellung vom Paradies. Im Pralaya findet kein bewusster Lernprozess statt, es geschieht nichts, man befindet sich in einem Zustand unendlicher Glückseligkeit, der von Zeit zu Zeit unterbrochen wird, wenn unsere "Nummer" aufgerufen wird und wir wieder zur Inkarnation gerufen werden.

RO: Wenn wir davon ausgehen, dass es die Reinkarnation gibt, und der Körper, wie Sie sagen, zu Staub wird, was ist dann über die unterschiedli-

chen Bestattungsmethoden zu sagen – Erdbestattung contra Feuerbestattung?

BC: Die einzig wissenschaftliche und hygienische Art, den Körper zu beseitigen, ist die Verbrennung. Jeder kommt in die Inkarnation mit einer Historie aller Krankheiten der Menschheit, von denen manche bis in die frühesten Zeiten zurückgehen. Durch die Erdbestattung werden diese Krankheiten, wie beispielsweise Krebs, Syphilis und Tuberkulose, aus dem Körper in die Erde hineingefiltert und gelangen in die Nahrungskette und werden dann wieder von Menschen und Tieren absorbiert. Seit Tausenden von Jahren ist das die gängige Praxis, folglich sind diese Krankheiten endemisch geworden und es wird Hunderte von Jahren dauern, sie vollständig auszurotten. Die Verbrennung ist ein erster wichtiger Schritt dabei.

Wir gehören zur fünften Wurzelrasse. Die erste wirklich menschliche Wurzelrasse waren die Lemuren, die etwa sechs Millionen Jahre bestand. (Es gab zwei frühere Rassen in nicht festen Körpern.) Darauf folgte die atlantische Wurzelrasse, die ungefähr 12 Millionen Jahre andauerte. Unsere Wurzelrasse, die arische, sie hat nichts mit Hitlers Vorstellung vom arischen Menschen zu tun, besteht nun seit ungefähr hunderttausend Jahren und steht noch am Beginn ihrer Entwicklung. Jede Wurzelrasse hat die Aufgabe, den einen oder anderen Körper zu perfektionieren. Die erste Wurzelrasse, die Lemurer, hatten die Aufgabe, den physischen Körper zu perfektionieren. Die Aufgabe der Atlanter war es, den Astral- oder Emotionalkörper zu vervollkommnen. Sie haben das so gut geschafft, dass der Astralkörper der ausgeprägteste Körper des Menschen ist; selbst heute ist der Grossteil der Menschheit noch auf der astralen Ebene gepolt.

Unsere Rasse, die arische Rasse, hat die Aufgabe, den Mentalkörper vollkommen auszugestalten. Wir nutzen bisher nur die untersten Bereiche der Mentalebene. Im esoterischen Sinne gibt es vier Mentalebenen. Die höchste ist die Kausalebene, auf der der Träger der Seele, der Kausalkörper angesiedelt ist. Die Seele benutzt den Kausalkörper für die meisten ihrer Inkarnationserfahrungen, bis hin zur vierten Initiation, wenn er aufgelöst wird. Auf diese Art werden die Rassen vorangebracht und entwickelt, wobei jede Rasse sieben Unterrassen hat. Europäer und Amerikaner bilden heute die fünfte Unterrasse der arischen Wurzelrasse.

RO: Bilden Menschen auf anderen Kontinenten eine andere Kategorie?
BC: Ja, es gibt verschiedene Unterrassen. Heute gibt es Menschen, die vom physischen Körper her wirkliche Atlanter sind; die Menschen des

mongolischen Typs wie Chinesen, Japaner, nordamerikanische Indianer, Eskimos und südamerikanische Indianer haben einen atlantischen Körper, gehören aber natürlich zur arischen Rasse.

RO: Es gibt sicher vieles im Volksglauben, was mit dem Reinkarnationsgeschehen zu tun hat. Wechseln wir beispielsweise in den Körper von Tieren?
BC: Nein. Es gibt keine Seelenwanderung. Im Osten herrscht die Vorstellung, dass man keinen Einfluss auf das Reinkarnationsgeschehen hat; wie niedrig die Lebensposition auch sein mag, man hat das zu akzeptieren, es gibt keine soziale Verbesserung. Im Westen glauben manche Menschen, dass man zwischen dem Tier- und Menschenreich hin und her wechselt. Dem ist nicht so. Sobald man ein menschliches Wesen wird, bleibt man auch ein Mensch, bis man dann ein übermenschliches Wesen, ein Meister wird.

RO: Man kann aber als Mann oder als Frau in die Inkarnation kommen.
BC: Jeder hat Inkarnationen als Mann oder als Frau. Nicht unbedingt abwechselnd: man könnte zwei oder drei Inkarnationen als Mann leben, dann drei oder vier als Frau, dann wieder eine oder zwei als Mann und so fort.

RO: Gibt es eine Tendenz in ganz bestimmten Gruppenbeziehungen wiederzukommen?
BC: Sie haben recht. Wir inkarnieren in Gruppen, normalerweise in Familiengruppen. Ausnahmen gibt es natürlich auch, denn es kommen immer wieder neue Menschen in die Familie. Auf dem Rad der Wiedergeburt kommen Menschen mit unterschiedlichen Energien, anderen Eigenschaften, unterschiedlichen Erfahrungen in die Familie und werden dann Teil dieser Familie, sie gehen karmische Verbindungen untereinander ein und lösen karmische Verwicklungen auf. Innerhalb der Familie werden alle karmischen Knoten aufgearbeitet, die wir durch Eigennützigkeit und Selbstbezogenheit geschaffen haben.

RO: Inkarnieren wir in verschiedene Rassen?
BC: Es mag sein, dass wir viele Inkarnationen lang zur selben Rasse gehören. Wir könnten aber auch eine Reihenfolge verschiedener Erfahrungen in einer Anzahl verschiedener Rassen machen. Oder wir sind auf eine Rasse beschränkt. Es könnte sein, dass wir niemals im Osten inkarnieren,

wenn wir im Westen sind oder niemals im Westen, wenn wir im Osten sind; oder wir wechseln andauernd von einem zum anderen, viele Inkarnationen lang. Das hat mit dem individuellen Schicksal zu tun.

RO: Also lernt man die Lektionen, wiederholt die Erfahrungen oder macht nötige Erfahrungen, die man für die Vollendung braucht, in verschiedenen Rassen oder rassischen Kombinationen?
BC: Ja. Wir alle sind menschliche Wesen, wir alle sind Kinder Gottes, und wir haben alle dasselbe Potential.

RO: Warum erinnern wir uns nicht an unsere früheren Leben?
BC: Haben wir eine Bewusstseinskontinuität erreicht, können wir uns auch daran erinnern. Wir haben diese Bewusstseinskontinuität aber nicht einmal vom Schlaf- zum Wachzustand. Vielleicht erinnern wir uns an einige Träume, das aber ist eine Aktivität des astral-emotionalen Körpers im leichten Schlaf. Im Tiefschlaf träumen wir nicht, nur wenn der Schlaf leichter wird und wir aus dem Tiefschlaf auftauchen, fangen wir an zu träumen und an diese Träume können wir uns manchmal erinnern. Doch wir können uns meistens nicht an das erinnern, was im Tiefschlaf passiert. Und genausowenig erinnern wir uns an den Übergang vom Leben in den Tod, noch an den vom Tod ins Leben zurück. Schliesslich werden wir den Tod ganz bewusst durchleben, werden wissen, wer und was wir sind, warum wir hier sind, was wir tun, und werden dann auch genauso bewusst zurückkommen. Das alles geht so vor sich, wenn wir einmal im Evolutionsprozess weiter fortgeschritten sind.

Am Ende des Evolutionsprozesses werden die Eingeweihten der Welt, die sich dem Evolutionsprozess bewusst unterziehen, schliesslich die Bewusstseinskontinuität entwickelt haben. Sie kommen herein, weil sie den Evolutionsplan kennen. Sie kommen herein, um dem Plan zu dienen und nicht nur aus einer karmischen Notwendigkeit, obwohl es einiges an karmischer Notwendigkeit geben könnte.

Das Gesetz von Ursache und Wirkung

RO: Können Menschen, die das Gesetz von Ursache und Wirkung verstehen und achten, ihre Zukunft bewusst durch ihr jetziges richtiges Handeln verändern?
BC: Völlig richtig, das ist das Entscheidende daran. Wenn man weiss, dass jeder Gedanke und jede Handlung eine Reaktion hervorrufen, die sich auf andere Menschen und natürlich auf einen selbst auswirken, dann

kann man daran ersehen, welche Bedeutung das 'Nicht-Verletzen', die Harm-losigkeit, hat. Wenn wir das Grundgesetz unserer Existenz wirklich verstehen, wird das unsere Welt verändern.

RO: Folglich sind wir es selbst, die bestimmen,wie unser Karma aussieht?
BC: Nein, es gibt die Herren des Karma, vier grosse Lords, die sich nicht auf diesem Planeten, nicht einmal in diesem Sonnensystem aufhalten. Sie verwalten und planen die manigfaltigen Unterschiedlichkeiten dieses Karmagesetzes für die fünfeinhalb Milliarden Menschen, die jetzt in Inkarnation sind und die weiteren fünfundfünfzig Milliarden, die nicht inkarniert sind. Es gibt ungefähr sechzig Milliarden Seelen, denen es potentiell möglich ist, sich auf diesem Planeten zu inkarnieren. Das ist also eine der großen Aufgaben der Herren des Karma.

RO: Bis zu einem gewissen Ausmass können wir also unsere Zukunft bestimmen, indem wir unsere Gedanken und Handlungen ändern. Aber, wie Sie sagen, sind bestimmte Dinge für diesen Planeten als Ganzes schon in Gang gesetzt – und wie sehr wir uns auch anstrengen mögen – wir können diese Dinge nicht angehen, bevor sie nicht zum Tragen kommen.
BC: Der springende Punkt ist, dass dieser Planet nicht besonders entwickelt ist. Nicht einmal innerhalb unseres Sonnensystems. Er ist noch immer ein 'nicht heiliger' Planet. Es gibt sieben heilige Planeten, aber wir gehören nicht dazu. Daher rühren all unsere Probleme. Die Menschheit hat noch keinen besonders hohen Entwicklungsstand hinsichtlich ihrer zukünftigen Evolution. Auch unser Sonnensystem ist nicht sehr weit entwickelt. Wahrscheinlich ist es ein ziemlich unbedeutendes Sonnensystem am Rande der Milchstrasse.

Von Anbeginn an – und gemäss den esoterischen Lehren liegt das achtzehneinhalb Millionen Jahre zurück – hat die Menschheit fortwährend gutes und schlechtes Karma geschaffen. Lassen Sie mich das klarstellen. Den esoterischen Lehren zufolge gibt es mehr gutes als schlechtes Karma, uns fällt nur meist das schlechte Karma auf. Wenn unser Karma gut ist, und ein grosser Teil ist gut, sehen wir das als ganz normal, als unser Recht an. Wenn es schlechtes Karma ist, denken wir: "Ich weiss nicht, warum ich das erleiden muss." Aber natürlich ist es dennoch unser Karma. Und das geht jetzt so seit achtzehneinhalb Millionen Jahren, und daher hat sich enorme karmische Schuld angesammelt, die sich auf den Gesamtplaneten bezieht. Jedes menschliche Wesen ist involviert, nicht nur mit seinem eigenen, selbstgeschaffenen Karma, sondern ebenso mit dem Karma der menschlichen Spezies in ihrer Gesamtheit. Das ist nicht einfach. Die Herren des Karma, die von ihrer unglaublich hochstehenden Bewusstseinsebene aus arbeiten, verwalten nicht nur unser individuelles Karma, sondern auch unsere Verbindung zum Weltkarma. In dieser Hinsicht handeln die Meister als Vermittler. Ein Meister kann, wenn er es für richtig hält und das Gesetz es zulässt, die Auswirkungen des individuellen Karmas mildern. Sie können das, wenn Sie so wollen, als göttliche Intervention betrachten.

RO: Bitte korrigieren Sie mich, wenn ich mich irre, aber Sie sagen, dass sich mit diesem Weltkarma letzten Endes auch die Menschen auseinandersetzen müssen, die in diesem Leben grosses Glück haben, die alles, was sie brauchen auch haben und die sich keinerlei Gedanken über die Probleme machen, mit denen der Rest der Welt zu kämpfen hat?
BC: Ja, tatsächlich. Ein solches Verhalten bezeichnet man als Selbstgefälligkeit. Das hat nichts mit Karma zu tun. Selbstgefälligkeit und gutes Karma sind zwei unterschiedliche Dinge. Niemand ist frei vom Karma der Welt. Wenn Sie leben und so tun, wie das heute Millionen tun, als ob die Armen nicht existieren, als ob es keine armen Nationen gäbe, als ob es Gottes Geschenk an die Welt wäre, dass die entwickelte Welt, die G7 Staaten, ihren hohen Lebensstandard, den wir beanspruchen und als unser selbstverständliches Recht betrachten und dabei vollständig ignorieren, dass drei Viertel der Weltbevölkerung in Armut lebt und Millionen in einer Welt des Überflusses verhungern, dann ist das Selbstgefälligkeit. Wenn wir diese Tatsachen hinnehmen, leben wir nicht im rechten Verhältnis zueinander. Der nächste Schritt vorwärts für die menschliche Spezies ist die Schaffung rechter menschlicher Beziehungen. Die Meister sagen, entweder wir tun das oder wir sterben. Entweder schaffen wir richtige menschliche Beziehungen, oder wir zerstören jegliches Leben auf dem Planeten. Das ist unsere Wahl.

RO: Welchen Platz hat der freie Wille bei diesen Bedingungen von Reinkarnation und dem Gesetz von Ursache und Wirkung?
BC: Unser freier Wille ist begrenzt. Wir haben nur ein bestimmtes Mass an freiem Willen. Unvermeidlich werden wir vom 'kosmischen Magneten' angezogen, er zieht uns in die Inkarnation. Manchmal schreiben Menschen mir folgendermassen: "Bitte, Herr Creme, könnten Sie Ihren Meister bitten, mich zu befreien von der Notwendigkeit, wiedergeboren zu werden. Ich mag das nicht, und ich will das nicht. Ich möchte ganz

aussteigen. Ich weiss aber, wenn ich sterbe, werde ich gleich wieder zurückkommen. Gibt es ein Gesetz, das die Notwendigkeit zu inkarnieren ganz abschafft?" Ein solches Gesetz existiert natürlich nicht. Sie haben nicht den freien Willen auszusteigen. Wenn Sie leben, haben Sie den freien Willen, Ihr Leben zu leben oder es zu beenden, jeder hat dieses Recht. Aber wenn Sie Ihr Leben selbst beenden, hat das auch eine Kehrseite. Wenn Sie sich das Leben nehmen, müssen Sie zurückkommen und sich derselben Situation stellen.

RO: Es gibt also kein Entrinnen ...
BC: Es gibt kein Entkommen solange man nicht gelernt hat, vollkommen zu sein. Ich meine vollkommen sein nicht im religiösen Sinne: 'gut' sein und dieses und jenes glauben oder nicht glauben und dies und das tun oder nicht tun. Ich meine vollkommen in dem Sinn, in dem die Meister vollkommen sind, was vollendete Beherrschung unserer physischen, emotionalen, mentalen und spirituellen Natur bedeutet.

RO: Wie vermeidet man es, schlechtes Karma zu schaffen?
BC: Harm-losigkeit, 'Nicht-Verletzen'. Erkennen und zulassen, dass im Umgang mit anderen 'Nicht-Verletzen' der Schlüssel für den evolutionären Prozess ist. Wenn uns Harm-losigkeit wirklich gelingt, schaffen wir richtige menschliche Beziehungen.

RO: Aber warum? Warum Harm-losigkeit? Hat das mit der von Ihnen erwähnten inneren Göttlichkeit zu tun?
BC: Altruismus ist das Wesen der Göttlichkeit. Das Ego ist der schädliche Aspekt. Das Ego gehört zur Persönlichkeit. Die Persönlichkeit braucht das Ego, sie braucht das Wunschdenken um weiterzukommen. Hätte sie kein Ego käme sie nicht zu diesem Punkt und könnte keine Individualität schaffen, sie wäre nutzlos für die Seele. Schlussendlich wird ein Punkt erreicht, an dem die Seele dieses machtvolle, individualisierte menschliche Wesen wirklich 'ergreifen' und in einen Gott umwandeln kann, was die Seele bereits ist. Die Seele erschafft auf der physischen Ebene diese Göttlichkeit als Mann oder Frau neu und reflektiert sich darin. Das kann nur geschehen, wenn die individuelle Persönlichkeit die völlig altruistische Qualität der Seele wiederspiegelt. Der Egoismus, die Selbstsüchtigkeit, muss am Ende aufgegeben werden, auch wenn sie bis zu einem bestimmten Punkt der Entwicklung notwendig ist.

RO: Wenn man etwas über Reinkarnation erfahren hat, und dies Sinn macht und tröstlich erscheint, verändert das die Einstellung zum Tod?

BC: Entscheidend. Wenn man an Reinkarnation glaubt, wenn das zum eigenen Bewusstsein gehört und nicht nur eine Vorstellung ist, die einem vernünftig erscheint, wenn man das ganz ernst nimmt, verschwindet die Angst vor dem Tod weitgehend. Man hat vielleicht Angst vor dem Ende. Aber die Vorstellung vom Tod hat nicht mehr den Schrecken, den er für die meisten Menschen hat. Die meisten Menschen betrachten den Tod als das Ende aller Dinge, sie können sich nicht als dieses bewusste, denkende unsterbliche Wesen sehen. Nach dem Tod erweitert sich das Bewusstsein sogar noch. Wir bleiben dieselben Wesen, jedoch unser Bewusstsein ist grenzenlos erweitert, weil es von den Beschränkungen des physischen Körpers befreit ist. Ausserhalb des Körpers gibt es Freiheit und Wissen, Freude und Liebeserfahrung, und man trifft die Menschen wieder, die vor einem gestorben sind. Es ist tatsächlich leichter zu sterben, als geboren zu werden!

RO: Ich würde sagen, das klingt beinahe so, als wäre es eine Belastung inkarniert zu sein.

BC: Nein, es ist keine Belastung, sondern eine Gelegenheit zum Dienst, für die Ausdehnung unseres Bewusstseins und die Evolution unseres Seins. Geboren werden ist aber oft mit mehr Problemen und Schmerzen verbunden als das Sterben.

Mir sind Menschen begegnet, die sagen: "Ich möchte nicht mehr zurückkommen." Sie möchten nicht an Reinkarnation glauben, weil sie nicht zurückkommen und all das noch einmal durchmachen wollen. Natürlich machen wir 'das' alles nicht noch einmal durch. Wir sind nicht die gleiche Person, da wir gewöhnlich keine Erinnerung an unsere Vorleben haben. So haben wir auch nicht die ganze 'Last' zu tragen und zu denken: "Ach, letztes Mal war es viel leichter," oder "mir geht es gut! Letztes Mal war es viel schwieriger." Wir haben dafür keinen Sinn.

RO: Wenn wir durch unser Tun Schaden verursachen, können wir dann die Auswirkungen davon mildern?

BC: Ja, wir können das wieder gutmachen. Wir können durch entsprechenden Dienst die Auswirkungen des Schadens ausgleichen. Eine der grossartigen Folgen des Gesetzes vom Dienen besteht darin, dass es Karma 'verbrennt'.

RO: Betrachtet man Karma aus einer grösseren Perspektive – Menschengruppen, Nationen, oder sogar die gesamte Menschheit – setzen wir als Gruppierungen Dinge in Bewegung, die das Leben auf dem Planeten beeinflussen?

BC: Ja, natürlich, wir tun das unentwegt. Regierungen tun das die ganze Zeit. Menschen, wie Hitler zum Beispiel, haben Kriege angefangen, die das Leben auf dem Planeten schliesslich für Jahre verwüstet haben. Was heute in Bosnien geschieht, wurde vom Führer der serbischen Rebellengruppen und dem Präsidenten von Serbien ausgelöst. Diese beiden Männer haben eine enorme karmische Schuld an Hunderttausende von Bosniern und Kroaten zurückzuzahlen, die durch sie gelitten haben. Millionen hungern in der Dritten Welt durch die Aktionen der entwickelten Nationen. Weltweit finden zur Zeit etwa vierzig Kriege statt. Sie können weitergehen, weil die reichen Nationen den Kämpfenden Waffen verkaufen.

RO: Auf welche Weise verändern wir das Leben auf dem Planeten noch?

BC: Wir beeinflussen beispielsweise das Wetter in erheblichem Mass. Unsere destruktiven Gedanken beeinflussen die Urkräfte, die über die Klima- und Wettermuster in der Welt herrschen. Wenn unsere Gedanken, wie das heute meist der Fall ist, nicht im Gleichgewicht sind, geraten diese Elementarkräfte auch aus dem Gleichgewicht. Das Ergebnis sind Erdbeben, Stürme, Tornados, gewaltige Überschwemmungen und so fort, die immer wieder grosse Gebiete auf der Erde verwüsten. Das sind unsere eigenen Taten. Wir nennen sie gottgewollt, aber sie sind nicht von Gott gemacht, es sind die Taten der Menschheit, die durch ihre falschen Gedanken und Handlungen die elementaren Kräfte aus dem Gleichgewicht bringen. Wenn wir schliesslich wieder ins Gleichgewicht kommen, wird das Gleiche mit diesen Kräften geschehen, und das Klima wird sich wieder normalisieren.

RO: Es gibt also vernünftige Gründe richtig zu handeln?

BC: 'Goodwill macht sich bezahlt'. Die wesentliche Natur unseres Seins zeigt sich im guten Willen. Wenn wir den Willen zum Bösen zum Ausdruck bringen, ernten wir das Karma jenes bösen Willens. Die gesamte Menschheit kann guten Willen beweisen und so den niedersten Aspekt der Liebesenergie verwirklichen. Entscheidend ist, dass wir das begreifen und danach handeln. Und das zahlt sich meines Erachtens nicht nur für den Einzelnen aus.

RO: Dabei klingt auch an, als würde sich das für die Gesellschaft und die Welt insgesamt lohnen.

BC: Natürlich, sehr sogar. Guter Wille erzeugt wieder guten Willen und guter Wille ist der erste Schritt, um der Liebe Ausdruck zu geben.

Der Evolutionsplan

RO: Was ist im Evolutionsplan für die Menschheit insgesamt vorgesehen? Sie haben darüber gesprochen, welche Bedeutung er für den einzelnen Menschen hinsichtlich seiner Vervollkommnung hat. Wie sieht das für die Welt aus?

BC: Die Welt befindet sich derzeit im Wandel. Sie geht durch eine Periode ausserordentlicher Schwierigkeiten mit Gewalt und Abscheulichkeiten. In all der Zeit aber durchströmen neue Energien den Planeten, besonders die hohe Energie eines kosmischen Avatars, genannt der Geist des Friedens oder des Gleichgewichts. Dieser Avatar arbeitet ausschliesslich mit dem Gesetz von Aktion und Reaktion, das wir Karmagesetz nennen. Danach sind Aktion und Reaktion sowohl gegensätzlich als auch entsprechend. Aus der gegenwärtigen Gewalt und Uneinigkeit, dem Hass und dem Aufruhr werden wir in eine Ära der Ruhe und des Friedens, der mentalen und emotionalen Gelassenheit und einer festverankerten Harmonie eintreten, die die ganze Welt verändern wird – und zwar proportional zu der heutigen Uneinigkeit und Disharmonie.

RO: Woher stammt dieser Plan? Gibt es irgendeinen Ort, ein Wesen, oder eine Instanz, wo es heisst: "Dies ist der Plan für die Menschheit und das ist sein Ziel"?

BC: Im Prinzip stammt dieser Plan vom Logos unseres Planeten, dem Himmlischen Menschen, der den Planeten beseelt. Dieser reflektiert sich als der Herr der Welt in einem sehr feinstofflichen Zentrum in der Wüste Gobi, das Shamballa genannt wird. Der Plan Gottes stammt aus Shamballa. Buddha übermittelt ihn von dort aus an die Meister unserer geistigen Hierarchie. Die Meister bemühen sich, den Plan mit Hilfe der Menschheit auszuarbeiten. Sie geben Aspekte des Planes zur Ausführung an ihre verschiedenen Eingeweihten und Jünger, Männer und Frauen in der Welt weiter. Auf diese Art wird die Welt verändert und der Plan durchgeführt. Die Meister sind auch die Hüter der geistigen Energien, die auf diesen Planeten einströmen. Sie lenken diese Energien so, dass der Plan vorangebracht wird. Die Menschheit reagiert auf diese Energien, auch wenn sie von deren Existenz nichts weiss. In Form grossartiger Ideen werden diese

Energien sichtbar, diese Ideen stehen hinter unseren Idealen. Der Evolutionsplan kommt dadurch zur Ausführung, dass wir diese Ideale – Zeitalter für Zeitalter, Zyklus für Zyklus – in die Tat umsetzen.

RO: Welche Rolle spielen die Schriften der Welt in diesem Evolutionsplan?
BC: Die Schriften erzählen davon, meist, aber nicht immer, in einer gemeinverständlichen Form, um ungebildete und einfache Menschen unmittelbar anzusprechen. Sie üben eine grosse, eher gefühlsmässige Anziehungskraft auf die Massen aus. Darüberhinaus gibt es aber eine Reihe von

Buddha

Lehren, mit ausgesprochen mentalem und spirituellem Inhalt, die von den Meistern hauptsächlich für die Eingeweihten und Jünger der Welt erteilt wurden, um sie mit dem Plan und ihrer möglichen Rolle darin vertraut zu machen und sie zu ermuntern, an der Durchführung des Planes mitzuwirken.

RO: Es gibt endlose Diskussionen über die Interpretation der Schriften. Woran erkennt man, wer sie richtig interpretiert?
BC: Nimmt man die Schriften wörtlich, machen sie oft keinen richtigen Sinn. Versteht man sie aber eher esoterisch, als Metapher und Symbol, stärken die Schriften aller Religionen den Glauben und das Vertrauen der Menschen. Sie schaffen eine Beziehung zum Logos unseres Planeten, den wir als Gott bezeichnen, und zu seinen Ausdrucksformen: der Menschheit und den niederen Naturreichen. Sie halten unser Wissen darüber lebendig, dass eine Verbindung besteht, dass es einen Evolutionsplan *gibt*, dass das Leben *nicht* das Ende ist, dass wir fortschreiten werden, bis wir den vollkommenen Planeten geschaffen haben – vollkommen bedeutet, dass der Plan des Logos vollständig durchgeführt wird, und zwar in all seinen vielfältigen Manifestationen. Eine zusätzliche Schwierigkeit bei all den alten Schriften ergibt sich auch daraus, dass sie infolge ihrer allmählichen Verbreitung im Laufe der Jahrhunderte verzerrt dargestellt werden.

RO: Ich meine, hinter meiner Frage zu den Schriften steckte die Idee, dass diese Evolution stufenweise vor sich geht und immer neue Offenbarungen

Konfuzius

bereithält?

BC: Es gibt tatsächlich eine Kontinuität bei den Offenbarungen. Einige Lehren, wie die der christlichen Gruppen, erklären kategorisch, dass Jesus kam und die Über-Lehre verbreitete, die letzte aller Lehren, durch die sich der Menschheit augenblicklich die Natur Gottes offenbare. Dabei berücksichtigen sie die Kontinuität der Offenbarungen nicht, die von Anbeginn der menschlichen Existenz auf dem Planeten besteht und fortbestehen wird, bis wir Vollkommenheit erlangt haben. Ich glaube, dass die christlichen Gruppen andere Religionen verkennen, wenn sie ihnen gegenüber diese anmassende Haltung einnehmen.

Evolution und Initiation

RO: Der Begriff Evolution wird meist im Zusammenhang mit Darwins Abhandlung über die Veränderung der physischen Form benutzt. Sie sprechen in der Esoterik über Evolution in einem grösseren Zusammenhang?

BC: Ich spreche über die Evolution des Bewusstseins. Wir gehen davon aus, dass Darwin die Evolution des Formaspektes der Natur aufgeizgte, den physischen Körper des Tierreiches, aus dem sich das Menschenreich entwickelte. Das menschliche Wesen ist nicht einfach ein Tier, in ihm treffen Geist und Materie zusammen. Die individualisierte menschliche Seele hat sich gemäss den Lehren vor achtzehneinhalb Millionen Jahren inkarniert, damit sich ein höherer Aspekt entfalten kann.

Jedes Naturreich erwächst aus dem darunterliegenden. Das erste ist das Mineralreich, das am stärksten verdichtet ist. Daraus entstand das Pflanzenreich. Aus dem Pflanzenreich erwuchs das Tierreich. Aus dem Tierreich erwuchs das Menschenreich; unser Körper ist auf das Tierreich zurückzuführen. Aus dem Menschenreich ging ein anderes Reich hervor (es ist uns meist nicht bewusst, ausser wir sind Esoteriker), nämlich das geistige Reich, das von den Meistern und den Eingeweihten gebildet wird. Das geistige Reich oder das Seelenreich liegt unmittelbar über dem Menschenreich, von dem aus der Zugang zum geistigen Reich möglich ist. An dem Entwicklungspunkt, an dem die Seele tatsächlich durch den Mann oder die Frau auf der physischen Ebene sichtbar wird, findet der Mensch Zugang zum geistigen Reich durch das 'Tor' der Einweihung. Er muss durch fünf 'Tore' hindurchgehen, um ein Meister zu werden. Alle Meister haben diese fünf Initiationen gemeistert. Schliesslich und endlich wird jeder Mensch auf diese Art vollkommen werden.

RO: Wodurch zeichnen sich diese fünf Stufen aus?
BC: Die erste Stufe oder Einweihung ist die Geburt des Christus, des Christus-Prinzips. In der Evangelien-Geschichte wird der Einweihungspfad durch das Leben Jesu symbolisch dargestellt. (Er ist natürlich viel älter als das Christentum, beinahe so alt wie die Menschheit, und wurde der Menschheit immer wieder auf unterschiedliche Art vermittelt.) In der Evangelien-Geschichte ist die Geburt Jesu in Bethlehem das Symbol für die erste Einweihung und wird 'Die Geburt in Bethlehem' genannt, die Geburt des Christus im Herzen. Das bringt den Menschen zum ersten Mal in Kontakt mit der Geistigen Hierarchie und äussert sich in der Herrschaft über den physischen Körper.

Die zweite Einweihung wird 'Die Taufe' genannt, sie wird symbolisiert durch die Taufe Jesu im Jordan durch Johannes den Täufer. Dies zeigt die Kontrolle über den emotional-astralen Träger.

Die dritte Einweihung, 'Die Verklärung', ist symbolisiert in der Verklärung Jesu am Ölberg. Für den Eingeweihten ist das der Höhepunkt des niederen Prozesses, bei dem die drei niederen Träger, der physische, astrale und mentale, integriert werden. Aus der Sicht des Meisters ist dies die erste wirkliche Einweihung, denn sie ist die erste Seeleneinweihung.

Dann unterzieht man sich der vierten Einweihung, die durch den Tod Jesu am Kreuz symbolisiert wird. Sie wird 'Die Kreuzigung' genannt. Im Osten nennt man sie den 'grossen Verzicht', wenn man auf alles verzichtet, wenn nötig sogar auf das Leben, um zu zeigen, dass der Eingeweihte aus der Materie in das Strahlen des geistigen Lichts emporsteigt. Jesus inszenierte am Kreuz in voller körperlicher Präsenz vor der Welt die Erfahrung des grossen Verzichts.

Dann folgt die 'Die Auferstehung', symbolisiert durch die Wiederbelebung des Leibes Jesu am dritten Tage nach der Kreuzigung. Die Auferstehungs-Einweihung zeigt den Menschen, der jetzt ein Meister ist, endgültig befreit vom Sog der Materie. Der Meister bewohnt nun einen völlig wiedererweckten Körper – einen Lichtkörper. Jede Einweihung zieht entsprechend mehr Energie aus subatomaren Partikeln zu den Körpern des Eingeweihten. Wenn er oder sie sich der vierten Einweihung unterzieht, sind drei Viertel dieses Körpers buchstäblich Licht. Der Körper sieht völlig normal aus, wie der jedes anderen auch, strahlt aber im okkulten, im esoterischen Sinne Licht aus; nur ein Viertel der Körperstruktur ist wirklich atomar, der Rest ist subatomar. Bei der fünften Einweihung wird dieser Vorgang vollendet. Der Meister hat seine Erfahrung auf diesem Planeten abgeschlossen, er braucht nicht mehr zu inkarnieren. Er lebt nun, im esoterischen Wortgebrauch, in einem gänzlich verklärten, wiederauferstanden Körper. Viele der Meister dienen weiter diesem Planeten, indem sie unsere Evolution überwachen, viele aber wechseln zu weiterentwickelten Planeten oder verlassen sogar dieses Sonnensystem.

RO: Welcher Grundvoraussetzungen bedarf es, um den Einweihungsprozess zu beginnen?

BC: Die Seele stellt fest, dass ihre Qualitäten auf der physischen, emotional-astralen und mentalen Ebene von der Person reflektiert werden, dass sie altruistischer wird und ihre Handlungen nicht mehr ganz und gar von persönlichen Wünschen gelenkt werden. Die Person wird der Seele gegenüber wie ein 'Negativ', sie bemüht sich, die Absicht der Seele auszuführen, auch wenn ihr nicht klar ist, dass sie eine Seele ist. Wir haben es dann mit mit einem wohltätigen, altruistischen Menschen zu tun, der sich für das Wohl der Menschheit einsetzt und Dienst am Mitmenschen praktiziert; ein Mensch, der Evolution und Gemeinwohl höher erachtet als seine eigene Person.

RO: Wie lange dauert es vom Beginn des Prozesses bis zur Meisterschaft?

BC: Hunderttausende von Inkarnationen sind nötig bis zur ersten Einweihung. Ist diese geschafft, könnten nochmals zwei, fünfzehn oder auch achtzehn Leben bis zur zweiten Einweihung nötig sein. Durchschnittlich liegen etwa zwei bis sechs Lebensspannen dazwischen. Ist die zweite Einweihung vollzogen, die besonders schwierig ist, da sie die Beherrschung der starken astral-emotionalen Natur in der Menschheit bewerkstelligen muss, beschleunigt sich das Ganze, und die dritte Einweihung könnte noch im selben oder darauffolgenden Leben erreicht werden. Die vierte Einweihung im Leben danach oder noch im selben Leben und die fünfte im Leben danach, wenn dies das Schicksal des Menschen ist. Es gibt in diesem Zusammenhang gewisse Voraussetzungen, die aber zu schwerverständlich sind, um hier darauf einzugehen. Ganz allgemein gesprochen, wird der evolutionäre Prozess durch die letzten Inkarnationen schnell abgeschlossen.

RO: Und zum Abschluss ist der Mensch ein Meister seiner selbst gewor-

den, ein Meister über das Leben?
BC: Ja. Mit einem Bewusstsein auf allen Ebenen und der Beherrschung aller Ebenen, was etwas ganz anderes ist. Wir alle haben Bewusstsein auf der physischen Ebene, für uns ist das eine Realität, aber wenige Menschen beherrschen diese Ebene. Zur Zeit sind fünfeinhalb Milliarden Menschen inkarniert, von denen etwa achthundertfünfzigtausend Menschen die erste Einweihung erlangt haben und diese physische Beherrschung aufweisen.

RO: Nicht gerade viele.
BC: Nein, nicht besonders viele. Ungefähr zweihundertvierzigtausend inkarnierte Menschen haben die zweite und ungefähr zweitausenddreihundert bis zweitausendvierhundert die dritte Einweihung erlangt. Nur ungefähr vierhundertfünfzig der Inkarnierten haben die vierte Einweihung genommen.

RO: Wie viele haben die fünfte?
BC: Dreiundsechzig Meister stehen mit der menschlichen Evolution in Verbindung. Aber es gibt viel mehr Meister, die mit den subhumanen Evolutionen, den Tier-, Pflanzen- und Mineralreichen arbeiten. Und auch mit der Engel- oder Deva-Evolution sind viele Meister befasst.

Die Meister der Weisheit
RO: In welcher Beziehung stehen die Meister zu uns?
BC: Sie sind unsere'älteren Brüder'. Sie sind uns in der Evolution vorangegangen, und sie haben die Evolutionsreise, auf der wir uns noch befinden, schon beendet. Nun haben die Meister die Verantwortung auf sich genommen, unsere Evolution zu überwachen. Sie kennen den Weg, die Gefahren, die Möglichkeiten. Sie kennen die Schritte, wie man die vielen Sackgassen und Fallen auf dem Pfad vermeiden kann und zeigen uns den richtigen Weg, der über Selbstlosigkeit und fehlenden Egoismus führt. Dies ist der schwierige Weg, er ist mühsam und dauert lange, weil wir alle so egoistisch sind.

RO: Sind uns einige Namen dieser Meister bekannt?
BC: Einen von ihnen kennt jeder, den Meister Jesus. Jesus war in Palästina ein sehr fortgeschrittener Jünger, ein Eingeweihter vierten Grades, und er stand kurz davor ein Meister zu werden. In voller physischer Präsenz nahm er öffentlich die vierte Einweihung: die Kreuzigung. Es wird nor-

malerweise nicht von uns erwartet, dass wir den Kreuzestod sterben, um uns der vierten Einweihung zu unterziehen. Er tat das, um für uns, in dramatischer Weise, diese Erfahrung des Verzichts zu symbolisieren. Jesus ist jetzt ein Meister, dazu wurde er in seinem unmittelbar anschliessenden Leben als Appolonius von Tyana, der in Nord-Indien, wo er auch begraben liegt, einen Ashram gründete. Daher rührt die Legende, dass Jesus vielleicht doch nicht am Kreuz starb, sondern heimlich aus Palästina herausgebracht wurde, dann in Indien lebte und dort auch begraben wurde. Es war allerdings das Wesen, das Jesus war, dann aber als Appolonius im nächsten Leben inkarnierte. Jesus ist heutzutage ein weit fortgeschrittener Meister. Zwischen dem siebten und achten Jahrhundert wirkte er in Amerika und lehrte die indianische Bevölkerung, dann ging er auf die pazifischen Inseln und lehrte die polynesischen Völker. In all ihren Legenden kommt ein weisser Mann vor, der kam und lehrte, und all seine Namen haben einen Bezug zu dem Wort 'Jesus'. Dieser weisse Mann berichtete von einem anderen grossen Lehrer, der aus dem Osten kommen und die Indianer aufs neue unterweisen würde. Als dann tatsächlich die Spanier kamen, Cortez und seine Männer, wurden sie von Montezuma und seinem Volk mit offenen Armen empfangen, und als Dank dafür, wie wir wissen, abgeschlachtet.

RO: Sie erwähnten Jesus. Gibt es noch andere Namen, die uns bekannt sein könnten?
BC: Auch der tibetische Meister Djwhal Khul ist sehr bekannt. Zwischen 1919 und 1949 diktierte er Alice A. Bailey auf telepathischem Wege eine Reihe von insgesamt neunzehn Büchern (Bailey selbst schrieb noch fünf weitere). Diese neunzehn Werke, die ausgesprochen profund sind und meines Erachtens auch sehr praktisch, sind das Zwischenstadium der von den Meistern herausgegebenen Lehren für das jetzt beginnende Wassermannzeitalter. Die vorbereitenden Studien für diese Lehren sind *Die Geheimlehre*, die durch Madame Helena Petrovna Blavatsky übermittelt wurde. Madame Blavatsky lebte und arbeitete einige Jahre mit einer Gruppe von Meistern im Himalaya. Einer von ihnen war Meister Morya, ihr eigener Meister, und ein anderer war Meister Koot Hoomi, beide sehr hochentwickelte Meister. Diese beiden Meister sind aufs engste mit der Menschheit verbunden und werden mit dem Meister Jesus eine Weltreligion inaugurieren, die sich weiter verbreiten wird: eine hoch wissenschaftliche Religion, die auf dem Initiationsprozess gründet, über den wir gesprochen haben.

RO: Die von Ihnen genannten Meister sind lauter Männer. Gibt es keine weiblichen Meister?

BC: In der gegenwärtigen Zeit gibt es keine Meister in weiblichen Körpern. Die Meister sind im Grunde genommen weder männlich noch weiblich. Beide Aspekte sind bei ihnen vollständig ausgeglichen. Auf der Seelenebene gibt es kein Geschlecht, kein männlich oder weiblich. Es gibt nur eine Energie mit zwei Polen, einem positiven und einem negativen, wie bei der Elektrizität. Sie sind ein und dieselbe Energie in Polari-

Helena Petrovna Blavatsky

tät. Die Meister sind vollendete Seelen, daher haben sie beides miteinander ins Gleichgewicht gebracht. Wenn sie aber einen physischen Körper annehmen (was nicht alle machen; etwa zwei Drittel der heutigen Meister, das sind ungefähr vierzig, befinden sich in festen physischen Körpern), nehmen sie in der heutigen Zeit einen männlichen Körper an, damit sie die Energie, mit der sie so reich ausgestattet sind, machtvoll in der Welt verankern können. Sie bringen den männlichen, den geistigen Aspekt mit dem heute in der Welt vorherrschenden Materieaspekt in Verbindung. Das hängt mit dem bisher erreichten Evolutionspunkt dieses Planeten zusammen. In etwa dreihundertfünfzig bis vierhundert Jahren wird sich das ändern, dann werden sich Meister in weiblichen Körpern inkarnieren, bis ein Gleichgewicht zwischen Meistern in männlichen und Meistern in weiblichen Körpern gegeben ist.

Dies hat nichts mit irgendwelchen Vorurteilen gegen Frauen oder den weiblichen Aspekt zu tun. Im Gegenteil, die Meister sind der Stimulus hinter der Frauenbewegung. Sie sehen es als wesentlich an, dass die Frauen in diesem Zeitalter voll ihren Platz einnehmen, völlig gleichberechtig mit den Männern. Dieses neue Zeitalter wird auch noch als das Zeitalter der Tara, der Mutter, bekannt werden. Das Zeitalter Maitreyas wird das Zeitalter sein, in dem sich der Mutteraspekt manifestieren wird. Das Weibliche ist die Mutter, der nährende Aspekt, der das Kind, die Familie, die Zivilisation nährt. Auch Nationen sind männlich oder weiblich, und Nationen, die weiblich sind, könnten so zum Sitz einer Zivilisation werden. Es ist daher unbedingt erforderlich, dass Frauen, bei gleichem Status, ihren vollen Beitrag im Leben der Menschheit leisten. Im Westen ist das schon weitgehend Realität geworden, aber in grossen Teilen des Ostens ist man bedauerlicherweise noch weit davon entfernt. Frauen gelten oft nicht viel mehr als ein frei verfügbarer Besitz. In diesem Punkt muss noch ein grosser Wandel stattfinden. Aus diesem Grunde wurde die Frauenbewegung von den Meistern inspiriert.

RO: Wie sieht der Körper eines Meisters im Vergleich zu unserem Körper aus?
BC: Er sieht genauso aus, sieht sogar besser aus, sein Körper ist makellos; es ist ein Lichtkörper, und ein Meister kann willentlich verschwinden und wieder erscheinen. Er kann durch Wände gehen und durch Gedankenkraft unmittelbar reisen.

RO: Sind ihre Körper frei von Krankheiten?
BC: Völlig, weder sterben sie noch altern sie. Ein Meister kann in demselben Körper Tausende von Jahren alt sein. Bald werden die Menschen den Meister Jesus sehen, der in einem Körper lebt – älter als sechshundertfünfzig Jahre. Manche befinden sich in dem Körper, in dem sie zu einem Meister wurden. Andere leben in Körpern, die tatsächlich Tausende von Jahren alt sind. Die Meister schlafen und essen nicht. Sie leben direkt von Prana, von Energie unmittelbar aus der Sonne. Ihre Kleidung ist makellos, und wenn sie westliche Kleidung tragen, sind das meist sehr gut geschnittene Anzüge, denn sie können sie durch Gedankenkraft erschaffen.

RO: Welchen Platz nimmt die Menschheit in der hierarchischen Gesamtidee ein?
BC: Es gibt drei grosse Zentren, zwei davon habe ich schon genannt: das Zentrum, das ich Shamballa nannte, ein hohes ätherisches Zentrum in der Wüste Gobi. Dies ist das Zentrum, das den Willen und den Plan Gottes, den Evolutionsplan, kennt. Es arbeitet durch die Vermittlung des zweiten Zentrums, der Geistigen Hierarchie der Meister und der Eingeweihten; dieses Zentrum bringt die Liebe Gottes zum Ausdruck. Das dritte Zentrum ist die Menschheit selbst, das Zentrum, das die Intelligenz Gottes manifestiert. Diese Zentren sind heute noch getrennt, aber durch den evolutionären Prozess werden sie vereint. Ebenso wie der Funke Gottes, die 'Monade' in der theosophischen Terminologie, sich als Seele widerspiegelt, die wiederum sich in der menschlichen Persönlichkeit widerspiegelt, und die beide durch den evolutionären Prozess wiedervereinigt werden, so wird sich im sichtbaren äusseren Evolutionsablauf die Mensch-

heit mit der Hierarchie vereinigen. Wenn die Menschheit bereit ist, wenn genügend Jünger auf der Welt eine Verbindung mit der Hierarchie herstellen, wird das Zentrum, das wir Menschheit nennen, schliesslich eins werden mit dem Zentrum, das die Liebe Gottes zum Ausdruck bringt, nämlich der Geistigen Hierarchie. Und die Geistige Hierarchie wird dann letztendlich mit Shamballa, dem Zentrum, das den Willen Gottes kennt, vereint sein. Die Meister bemühen sich um eine Verbindung mit Shamballa, so wie wir, ob wir es wissen oder nicht, die Vereinigung mit der Hierarchie anstreben. Schliesslich werden alle drei Zentren vereint sein und der evolutionäre Prozess wird dann vollendet sein.

RO: Arbeiten die Meister unabhängig voneinander oder als Gruppe? Haben sie einen Führer? Wie ist die Hierarchie aufgebaut?
BC: Sie teilen sich in ein Bewusstsein. Sie haben kein einzelnes Persönlichkeitsbewusstsein. Sie können nie "Ich" sagen, denn sie haben kein Gefühl für Ich. Sie bilden eine Gruppe mit einem Gruppenbewusstsein. Ihnen steht der Meister aller Meister vor, sein persönlicher Name ist Maitreya. Buddha hat sein jetziges Kommen vorausgesagt: vor zweitausendfünfhundert Jahren machte Gautama Buddha die Voraussage, dass zu dieser Zeit ein anderer grosser Lehrer kommen würde, ein Buddha wie er selbst, Maitreya genannt, der die Menschheit inspirieren würde, eine neue und glanzvolle, goldene Zivilisation zu schaffen, die auf Gerechtigkeit und Wahrheit beruht. Es gibt sechzig Meister und drei Grosse Herren, wie sie genannt werden. Maitreya ist einer dieser drei. Maitreya hat das Amt des Weltlehrers inne und verkörpert die Energie, die wir das Christus-Prinzip oder -Bewusstsein nennen, den zweiten Aspekt der christlichen Dreifaltigkeit. Vor zweitausend Jahren überschattete er seinen Jünger Jesus drei Jahre lang und Jesus wurde zu Jesus dem Messias oder ins Griechische übersetzt, Jesus dem Christus. Der Christus selbst ist Maitreya. Sein Bewusstsein manifestierte sich von der Taufe bis zur Kreuzigung durch Jesus, und er inaugurierte das Fischezeitalter, das jetzt zuende geht. Maitreya ist jetzt in die Welt zurückgekommen, um das auszuführen, was er durch Jesus begann und was er im Wassermannzeitalter, das jetzt beginnt, vollenden wird.

RO: Sie sprachen über Maitreya und Jesus. Welche Beziehung haben sie zu den anderen Lehrern, die wir im Laufe der Geschichte kennengelernt haben, wie Buddha, Krishna, Mohammed?
BC: Jesus lehrte durch Mohammed. So wie Maitreya durch ihn gelehrt

hatte, lehrte er durch Mohammed. Buddha lehrte durch Prinz Gautama und Mithra. In früheren Zeiten lehrte Maitreya ausserdem durch Krishna und Shankaracharya.

Der Christus

RO: Wie sehen Sie im Vergleich zur Sichtweise orthodoxer Religionen die wahre Funktion des Christus?

BC: Aus der orthodoxen Sicht ist er der eine und einzige Sohn Gottes. Tatsache ist, dass es eine solche Person nicht gibt, nie gab und auch nicht geben wird. Jeder einzelne Mann, jede Frau und jedes Kind auf der Welt ist ein Sohn oder eine Tochter Gottes. Jeder Mensch besitzt die Göttlichkeit als Potential. Es gibt nur eine Göttlichkeit, in die wir uns alle teilen. Der einzige Unterschied zwischen Christus und uns, zwischen Buddha oder Krishna und uns besteht darin, dass sie ihre Göttlichkeit offenbart haben. Sie wissen, dass sie Söhne Gottes sind und sie beweisen es. Wir erkennen nicht, dass wir Söhne Gottes sind. Die Kirchen haben uns anderes gelehrt: dass wir in Sünde geboren sind und Gott nur durch die Vermittlung von Jesus erfahren können.

Tatsache ist, dass jeder in jedem Moment Gott erkennen kann. Man muss nicht Christ oder Hindu, Buddhist oder Muslim sein, um Gott zu erkennen. Man kann Gott als religiöser Mensch oder als Atheist erfahren, ob man an Gott glaubt oder nicht. Das hat nichts mit Glauben zu tun, sondern mit einer unmittelbaren Erfahrung. Da wir Gott sind, göttlich sind, können wir unabhängig davon, ob wir gläubig oder nichtgläubig sind, Gott unmittelbar im Leben erfahren, so wie ein Kind, wenn es geboren wird, dies unmittelbar instinktiv erlebt. Das Kind weiss nicht, ob es in eine christliche, buddhistische, muslimische oder hinduistische Familie hineingeboren wurde; das ist für das Kind nicht von Bedeutung, was zählt ist nur seine Erfahrung.

Gott interessiert es auch nicht, ob wir Buddhist, Hindu oder Christ sind. Dabei handelt es sich um vorübergehende Erscheinungsformen von Zeit und Ort und den Zufall der Geburt, das heisst wo man gerade geboren wurde. Wenn man im Westen geboren wurde, ist man vermutlich Christ, wenn man im Osten geboren wurde, vielleicht eher Hindu oder Buddhist. Und wenn man im Mittleren Osten geboren wurde, ist man wohl eher Jude oder Moslem. Diejenigen, die das Christentum, den Islam, Hinduismus, Judaismus und Buddhismus und andere Glaubensrichtungen auf fanatische Art vertreten, haben völlig künstliche Spaltungen in die Welt gebracht. Das hat die Evolution der Menschheit behindert. Dies hält unseren Fortschritt auf. Dadurch wird auch die Schaffung rechter menschlicher Beziehungen erschwert. Richtige Beziehungen sind der nächste Schritt nach vorne für die Menschheit und alles, was das verhindert, ist nicht gutzuheissen.

Krishna

RO: Sie sprachen über den "nächsten Schritt nach vorne für die Menschheit." Hat das etwas mit Maitreyas Gegenwart zu tun?

BC: Ja, sogar sehr viel. Wir treten in ein neues Zeitalter ein, das Wassermannzeitalter. Und das ist selbstverständlich ein astronomisches und kein astrologisches Ereignis. Es hat mit der Beziehung zu tun, die sich jetzt zwischen unserem Sonnensystem und der Wassermannkonstellation im Kosmos bildet. Wir werden die kosmische Energie des Wassermann, die das gesamte Leben auf dem Planeten umgestalten wird, in den kommenden etwa zweitausendfünfhundert Jahren aufnehmen. Diese Energie bewirkt Synthese, das heisst sie zieht zusammen, vermischt und verschmilzt, während im Gegensatz dazu die Fische-Energie des nun zuende gehenden Zeitalters die Welt gespalten und getrennt hat. Dieser Prozess wird zweitausendfünfhundert Jahre andauern und die Menschheit wird allmählich zusammenwachsen und die Tatsache ihrer spirituellen Natur verstehen lernen.

Das macht es den Meistern möglich, schrittweise in die Welt zu kommen. Viele Jünger nähern sich der ersten Einweihung und treten in die Hierarchie ein. Das wiederum bewirkt einen magnetischen Zug, eine Leitung, durch die die Meister magnetisch in die Welt gezogen werden. Sie waren schon seit über fünfhundert Jahren dazu bereit; die einzige Frage war, wann es möglich sein wird. Die Wahrscheinlichkeit bestand, dass es nochmal zwölf- bis dreizehnhundert Jahre dauern würde. Aber 1945, bei Kriegsende, kündigte Maitreya seine Absicht an, zum frühest möglichen Zeitpunkt zurückzukehren und seine Gruppe, die Meister, in die Welt mitzubringen. Das findet jetzt statt.

RO: Die Vorstellung, dass solche Lehrer unter uns sind, nicht nur einer, sondern viele, ist geradezu unglaublich. Warum erscheinen sie alle zu diesem Zeitpunkt?

BC: Wir haben das Ende des Zeitalters erreicht, ein Zeitalter, in dem die Menschheit sich zwar sehr entzweit hat, aber einen grossen Schritt vorwärts gemacht hat. Wir haben Individualität entwickelt, und wenn wir jetzt noch unseren Idealismus richtig umsetzen, wird uns das in der Evolution weit voranbringen. Wie ich schon sagte, sind jetzt viele Jünger geworden und ziehen die Hierarchie in die Welt hinein. Bei all dem ist aber entscheidend, dass die Meister in ihrer eigenen Evolution, abgesehen von der menschlichen, einen Zyklus beendet haben, der ihre Rückkehr in die Welt erforderlich macht. Jeder Meister hat ihn individuell vollendet, aber als Gruppe müssen sie jetzt ihre Fähigkeit, gleichzeitig auf allen Ebenen zu wirken, von der dichten stofflichen bis zur höchsten spirituellen, unter Beweis stellen.

RO: Wenn die Weisheit der Zeitalter jetzt nicht mehr durch verschiedene Menschen interpretiert zu werden braucht, was geschieht dann mit den Religionen?
BC: Sie werden fortbestehen, ihre Arbeit aber in geläuterter, einfacherer Form weiterführen. Mit der Rückkehr der Meister in die Welt wird eine deutliche Veränderung im Bewusstsein vor sich gehen, eine Veränderung die anhalten wird. Die Prioritäten bei den Religionen werden sich verlagern. Ihrer Natur nach sind sie Oasen, die im täglichen Leben die spirituelle Wirklichkeit lebendig erhalten und jungen Seelen so viel Schutz bieten, dass sie einen spirituellen Weg beibehalten können. Sie ermöglichen den Einzelnen dadurch eine gewisse Art der Überprüfung und Selbstbeobachtung. Diese jungen Seelen können nachdem sie sich diese Disziplin in ihrem Leben zu eigen gemacht haben, den esoterischen Pfad betreten um als Jünger ihre Evolution bewusster fortzusetzen.

RO: Wird es neue religiöse Formen oder Strukturen geben?
BC: Meister Djwhal Khul, der die Alice-Bailey-Lehren durchgab, hat eine künftige, besonders wissenschaftliche Weltreligion angekündigt. Diese gründet auf dem esoterischen Evolutionsprozess, bei dem die Initiation im Mittelpunkt steht und die ersten beiden Initiationen für die Masse der Menschheit das Ziel sein werden. Es wird besondere Schulen zur Vorbereitung für die Einweihung geben, die man zwar nicht lehren kann, aber dennoch wird diese Vorbereitung die Menschen in die Lage versetzen, die erste und zweite Einweihung zu nehmen. Maitreya ist der Initiator der beiden ersten Einweihungen, er wird durch die Welt reisen und Hunderttausende von Menschen in diesen tieferen Aspekt unseres Lebens einwei-

hen. Jede Einweihung verleiht dem Eingeweihten eine tiefere Einsicht in das Denken des schöpferischen Logos, so dass man den Evolutionsplan mehr und mehr erkennen kann. Wenn einem der Plan und die eigene Rolle in diesem Plan klar ist, kann man bewusster und effektiver handeln. Auf diese Art wird der dienende Aspekt des Jüngers gestärkt.

Der Anti-Christ

RO: Wenn Maitreya der Christus ist, wer oder was ist der Anti-Christ?
BC: Vor allem in den christlichen Gruppierungen herrscht ein grosses Missverständnis darüber, wer der Anti-Christ ist. Sie erwarten den Christus "am Ende der Welt". Der Christus kam aber in Wirklichkeit am Ende des Zeitalters und nicht am Ende der Welt. Die Christen erwarten, dass er am Ende der Welt, wenn die ganze Welt auseinanderbricht, auf einer Wolke auf Jerusalem herunterkommt. Sie meinen, er sitzt oben im 'Himmel', aber der Christus war dem Himmel in den letzten tausend Jahren nie näher als der Himalaya in einer Höhe von 5 400 m. Und von dort aus kommt er in die Welt, und nicht aus diesem mythischen Himmel. Der Himmel ist ein Seinszustand. Das Himmelreich ist in uns, wie Jesus selbst es gelehrt hat. Das ist die Geistige Hierarchie, deren Mitglied er ist.

Der Anti-Christ ist kein Mensch, der, wie die Christen glauben, dem Christus vorausgeht und sogar für Christus gehalten werden könnte. Dieser Gedanke entstammt der Johannesoffenbarung: das Tier, 666, wird eine Zeitlang freigelassen, und es wird dann wieder eineinhalb Zeiten lang gefesselt. Das bezieht sich auf die Freisetzung der Energie, die wir Anti-Christ nennen. Dabei handelt es sich nicht um einen Menschen, sondern um eine Energie, eine zerstörerische Kraft, die mit Absicht freigesetzt wird, um die alte Ordnung, die alte Zivilisation zu zerstören. Zu Johannes' Zeiten wurde sie über Kaiser Nero freigesetzt, um das Ende des Römischen Reiches herbeizuführen und den Weg für das Christentum freizumachen. In unserer Zeit wurde sie noch einmal freigesetzt, und zwar im Nazi-Deutschland über Hitler und seine Schergen, zusammen mit einer Gruppe Militaristen in Japan und einer weiteren Gruppe um Mussolini in Italien. Diese drei Gruppen, die Achsenmächte während des Krieges von 1939 bis 1945, verkörperten die Energie, die wir als Anti-Christ bezeichnen. Diese zerstörerische Kraft wurde freigesetzt, um den Weg für die Wiederkunft Christi jetzt in die Welt vorzubereiten. Und genau am Ende des Krieges, im Juni 1945, kündigte Maitreya seine Absicht an, zum frühest möglichen Zeitpunkt in die Welt zurückzukehren und dieses Mal seine Gruppe, die Meister der Geistigen Hierarchie mitzubringen, für sie das erste Mal nach fünfundneunzigtausend Jahren. Der Anti-Christ liegt hinter uns, es gab ihn, er hat sein zerstörerisches Werk getan und ist gegangen. Jetzt muss er "für eineinhalb Zeiten gefesselt werden". Das bedeutet, er wird verwiesen auf seine eigenen Domäne während des Zeitalters des Wassermann – das ist "die Zeit" – und die Hälfte des folgenden Steinbockzeitalters, in dem er wieder entfesselt wird. In der Mitte des Zeitalters des Steinbocks wird das 'Tier' nocheinmal freigesetzt, und es wird einen weiteren grossen Krieg geben, der dieses Mal auf der Mentalebene ausgetragen wird. Das ist dann die dritte Phase, in der der Anti-Christ in Erscheinung treten wird. Der Krieg zwischen den Kräften des Lichts und den Kräften der Finsternis, des Bösen, wie wir sie nennen (von den Meistern werden sie die Kräfte der Stofflichkeit genannt), zerstörte vor ungefähr hunderttausend Jahren die alte atlantische Zivilisation. Während der letzten hunderttausend Jahre wurde dieser Krieg auf den astralen Ebenen fortgesetzt. Auf der physischen Ebene fanden diese Kräfte 1939 ihren Niederschlag durch Hitler und seine Gruppe zusammen mit den italienischen und den japanischen Gruppen; so zeigte sich zu dieser Zeit der Anti-Christ. Jetzt muss diese Kraft wieder in ihrer eigenen Domäne versiegelt werden.

Die Kräfte der Stofflichkeit haben eine Aufgabe: den Materieaspekt auf dem Planeten aufrechtzuerhalten. Wenn sie nur das täten, wäre nichts Übles damit verbunden. Aber sie beschränken ihre Aktivitäten nicht auf ihren natürlichen Handlungsbereich, auf den involutionären Pfad. Ihre Arbeit greift über auf den evolutionären Pfad, auf dem wir uns jetzt befinden, und ist unserem geistigen Fortschritt abträglich; daher muss dem entgegengewirkt werden. Die Kräfte des Anti-Christ werden in ihrer eigenen Domäne versiegelt, indem die Menschheit angehoben wird, und zwar auf eine Ebene, wo sie von diesen materialistischen Kräften nicht benutzt, kontaktiert und beeinflusst werden kann. Das ist die Arbeit des Christus und der Meister im jetzt beginnenden Wassermannzeitalter.

RO: In den Volkskulturen und teilweise auch in den Religionen sind der Anti-Christ, Satan und Luzifer personifiziert. Das sorgt natürlich für eine gewisse Dramatik. Wie aber ist die esoterische Sicht von Satan oder Luzifer?

BC: Wir nennen Satan den Anti-Christen. Ich habe gerade über die Kräfte der Stofflichkeit gesprochen. Ihre Rolle besteht darin, die Materie des Planeten zu bewahren.

Von den christlichen Gruppierungen wird Luzifer als der Teufel angesehen. Er hat aber damit nichts zu tun! In Wirklichkeit ist Luzifer der Name des grossen Engels, der das Menschenreich beseelt. Jede menschliche Seele ist ein individualisierter Teil einer grossen Überseele. Der Name dieser grossen Überseele, die göttlich ist, ist Luzifer.

RO: Wer ist also der Teufel?
BC: Es gibt kein Individuum, das der Teufel ist. Man könnte sagen, dass das Gegenteil des Guten der Teufel ist und das existiert in jedem von uns. Es ist genau der selbstsüchtige, gierige Persönlichkeitsausdruck der einzelnen Menschen. Aber esoterisch gesehen haben der Teufel oder die Kräfte des Bösen oder die Kräfte des Materialismus die tiefgründige Rolle, sich um die Feuer des Planeten zu kümmern. Dieser Planet ist eine lebendige, atmende Wesenheit. Diese Feuer werden wissenschaftlich unter Kontrolle gehalten, sie würden sonst explodieren und den Planeten zerstören. Der ganze Ablauf vollzieht sich gesetzmässig. Die Herren der Stofflichkeit, die die Rolle haben, die Materie des Planeten zu erhalten, arbeiten mit der subhumanen, devischen Evolution, den Urwesen auf dem involutionären Bogen, um diese Arbeit auszuführen. Sie geben sich damit nicht zufrieden, sondern greifen auf den evolutionären Bogen über, und darüber kommt das Übel herein.

RO: Muss die Hierarchie sich mit ihnen auseinandersetzen?
BC: Sie muss sich mit ihnen auseinandersetzen und sie setzt sich mit ihnen auseinander. Sie schützt die Menschheit, indem sie zu starke Übergriffe des Bösen, denen wir nicht gewachsen wären, verhindert. Daher sind wir gut geschützt.

Die Abstammung des Menschen
RO: Wie kam es zu solch falscher Interpretation?
BC: Wegen der symbolhaften Darstellung der Geschichte von Adam und Eva in der Bibel. In frühen Zeiten hatte der Tiermensch, noch nicht ganz menschlich, aber auch nicht mehr nur Tier, sondern irgendwo dazwischen, einen bestimmten Punkt in seiner Evolution erreicht. Er verfügte über einen starken koordinationsfähigen physischen Körper, einen empfindungsfähigen oder fühlenden Astralkörper und den Keim eines Verstandes, einen Verstandesansatz, der später den Kern des Mentalkörpers bilden sollte. Als dieser Punkt vor achtzehneinhalb Millionen Jahren erreicht war, inkarnierten die menschlichen Seelen, die auf der Seelenebene genau auf diesen Moment in der Evolution warteten, zum ersten Mal in diesen frü-

hen Tiermenschen. Das ist die 'Vertreibung aus dem Paradies' von Adam und Eva.

RO: Das war eine Metapher.
BC: Es war eine Metapher, die ganze Geschichte ist eine Metapher. Es war kein in Ungnadefallen, sondern ein beabsichtigter Teil des Evolutionsplanes. Die menschlichen Seelen mussten das 'Paradies', das Leben im Pralaya, einem wunderbaren paradiesischen Zustand unendlicher Glückseligkeit verlassen und "die Früchte vom Baum der Erkenntnis essen" – sie mussten sich auf der physischen Ebene in diese Noch-Tiermenschen inkarnieren. Das ist geschehen und wurde falsch interpretiert als ein in Ungnadefallen: Luzifer war ein grosser Engel, der aber gegen Gott rebellierte und glaubte, er sei so gut wie Gott, und daher wurde er aus dem Himmel vertrieben. Es ist eine Geschichte, nur eine Geschichte und sie wurde völlig fehlgedeutet. In Wirklichkeit erzählt die Geschichte von Adam und Eva über die Inkarnation der menschlichen Evolution.

Meditation und Dienst
RO: Können wir persönlich dazu beitragen, die Evolution schneller voranzutreiben?
BC: Durch Meditation und Dienst lässt sich die Evolution beschleunigen. Sie sind die beiden Hebel für den Entwicklungsprozess. Nichts bringt uns schneller voran als korrekte, wissenschaftliche Meditation und unermüdlicher, altruistischer Dienst an der Welt.

Die Seele will dem Evolutionsplan dienen, und vor allem aus diesem Grunde inkarniert sie sich. Sie kennt den Plan, den der Logos für den Planeten hat, und sie versucht nach besten Kräften, diesen Plan auszuführen. Der wichtigste Aspekt dieses Plans ist es, die Materie zu vergeistigen, wozu die Seele beiträgt, wenn sie die Inkarnation auf sich nimmt. In ihrem eigenen Bereich, der Seelenebene, ist die Seele vollkommen, aber innerhalb der Inkarnation muss sie all die Begrenzungen unseres erbärmlichen Lebens durchmachen; die Selbstsucht, die Gier und die üblen Gedanken. Wir projizieren diese in die Aussenwelt und schaffen Schauplätze wie Bosnien und Ruanda, grauenhafte Nöte in Afrika, wo Millionen in einer Welt des Überflusses hungern.

RO: Warum kommt der Mensch durch Meditation vorwärts, was bewirkt sie?
BC: Sie koordiniert die Träger und bringt uns in Kontakt mit der Seele.

Meditation ist eine, je nach der Meditationsart, mehr oder weniger wissenschaftliche Methode, mit deren Hilfe man sich mit der eigenen Seele verbinden und schliesslich mit ihr einswerden kann. Das ist der Zweck der Meditation. Ist der erreicht, bietet die Meditation zusätzlich die Möglichkeit, das Wesen der Seele in all ihrer Weite und Tiefe auszuloten. Von ihrer Natur her ist die Seele dreifältig. Sie reflektiert den Funken Gottes in seinen drei Aspekten: Atma, Buddhi und Manas. Der manasische konzentriert den Intelligenzaspekt, der buddhische den Liebesaspekt und der atmische den Willensaspekt. Nach und nach wird durch Meditation und Dienst die Intelligenz, die Liebe-Weisheit und schliesslich der Wille Gottes berührt und erkannt und wird zu einem Teil der Natur des Jüngers.

RO: Wo liegt der Unterschied zwischen Meditation und Gebet?
BC: Bei einem Gebet handelt es sich meist um ein flehentliches Bitten um Hilfe, auf seiner höchsten Ebene ist das Gebet ein Gespräch des Herzens mit Gott. Meditation ist die Methode, mehr oder weniger wissenschaftlich, die Verbindung mit der Seele herzustellen und sich mit ihr zu verbinden. Gefühle spielen dabei keine Rolle. Das Gebet wird sich schliesslich verändern und wird zur Invokation, zur Anrufung werden. Man wird Gott als Bewusstsein erfassen, das als Energie spürbar und sichtbar wird, die man anrufen kann. Das wird das Wesentliche bei der neuen Weltreligion sein, die sich, wie Meister Djwhal Khul sagt, nach und nach entwickeln wird. Die Menschen werden von den flehenden Gefühlen zu einer wissenschaftlichen Invokation dessen gelangen, was wir als Gott kennen, die Energie, die geistige Natur Gottes, die sich dann in der Welt auswirken wird.

RO: Sie haben selbst eine Meditation in die Welt gebracht, die Transmissionsmeditation, die sowohl Meditation als auch Dienst ist. Wie das?
BC: Mein Meister führte die Transmissionsmeditation im März 1974 ein, als die erste Gruppe in London, wo ich lebe, gegründet wurde. Mittlerweile bestehen weltweit Hunderte von Gruppen. Sie ist für den viel beschäftigten, im Leben stehenden Jünger heutzutage gedacht, der für Dienst und Meditation wenig Zeit hat. Dem Jünger wurde so ein Gebiet für Dienst und Meditation angeboten, das auch mit geringem Zeit- und Energieaufwand eine sehr kraftvolle Auswirkung auf die Welt hat.

RO: Und wie macht man das?

BC: Die Meister sind die Hüter aller Energien, die auf den Planeten ein-
strömen. Viele dieser Energien sind kosmisch, die, wenn sie direkt in die
Welt geschickt würden, von den meisten Menschen wegen ihrer hohen
Schwingung einfach abprallen würden. Deshalb hat man Transmissions-
gruppen eingerichtet, durch die die Energien als erste geleitet werden.
Das transformiert die Energie herunter. Die Energien werden durch die
Chakras, die Kraftzentren in der Wirbelsäule der einzelnen Gruppen-
mitglieder geleitet. Das transformiert die Energien automatisch auf eine
Ebene herunter, auf der sie die Menschheit auch tatsächlich aufnehmen
kann. Hier handelt es sich um die mächtigen Energien, die die Welt dann
verändern können, wenn die Menschheit auf sie reagiert.

Die Arbeit wird geleistet, indem man den Jüngern damit ein Dienst-
gebiet anbietet, stark und effektiv zugleich, das jedoch wenig Zeit und
Energie erfordert. Gleichzeitig wird damit auch die Entwicklung des Jüngers angeregt. Es ist nicht möglich, dass man diese machtvollen kosmischen und solaren Energien wissenschaftlich durch die Chakras leitet,
ohne dass die Chakras aktiviert werden. Nimmt man an einer Transmiss-
ions-Meditation teil, ist man in einer Art Treibhaus, in dem ein Forcier-
ungsprozess stattfindet, der die Evolution der Teilnehmer beschleunigt.

Spiritualität

*RO: Manche Leute sind der Ansicht, dass die Menschheit ihre Intelligenz
nicht voll einsetzt.*

BC: Ich denke nicht, dass es bei Problemlösungen an Intelligenz fehlt,
sondern an spirituellem Willen. Wir haben grosse Ideale und meinen, das
genüge, sie würden sich schon irgendwie von alleine verwirklichen. Wir
müssen diese Ideale in die Tat umsetzen. Was nötig ist, könnte man als
angewandte praktische Spiritualität bezeichnen. In der Geschichte der letzten zweitausend Jahre wurden in der Menschheit viele Ideale proklamiert;
von Brüderlichkeit und Schwesterlichkeit, der Erkenntnis, dass wir alle
Kinder Gottes sind, dem Wunsch nach Frieden auf Erden, Wohlwollen
allen Menschen gegenüber und so fort. Wir sprechen das zu Weihnachten
deutlich aus, einmal im Jahr, und dann wiederholen wir es vielleicht
noch einmal zu Ostern. Aber im Alltag sind wir nur auf unseren Vorteil
bedacht. Das rührt daher, dass wir Spiritualität nur in der Vorstellung leben. Hierfür sind zum grössten Teil die verschiedenen Religionsgemein-
schaften verantwortlich zu machen. Sie hatten die Aufgabe zu lehren und
zu heilen. Meiner Meinung nach haben sie aber schlecht gelehrt und praktisch überhaupt nicht geheilt. Und das hat die Menschheit von ihrer wah-

ren, spirituellen Natur abgespalten. Kategorisch erklärte Meister Djwhal Khul, es sei einer der grössten Triumphe der Mächte der Finsternis, der Mächte der Stofflichkeit, dass die verschiedenen Religionen die Idee der Spiritualität monopolisiert haben: alles, was religiös ist, ist auch gleich spirituell (ob es nun stimmt oder nicht) und in allen anderen Lebensbereichen können wir folglich berechnend, schädigend und schlecht sein. Im Geschäftsleben, in der Politik, in der Wirtschaft herrscht Korruption vor. Nur die Religion scheint von dieser Korruption frei zu sein, und das heisst dann 'spirituell'. Wir sollten uns klar machen, dass das Wort spirituell oder geistig mit dem Gemeinwohl, das heisst mit der aktiven Verbesserung der Lebensbedingungen aller Menschen, zumindest der meisten Menschen, zu tun hat. Alles, was zu verbesserten Lebensbedingungen eines Menschen führt, ist Spiritualität, auf der körperlichen, der gemütsmässigen, mentalen oder auf der spirituellen, der Seelenebene. Alles, was dem Wohl der Menschheit dient, ist grundlegend spirituell, das ist nicht nur eine Angelegenheit der Religionen. Der religiöse Pfad ist nur ein Pfad. Wir sind aufgerufen, politische, wirtschaftliche und soziale Strukturen zu schaffen, die in ihrer Zielsetzung grundlegend spirituell sind.

RO: Sie sehen die wesentliche Rolle der Religionen darin, die Kunst zu leben, zu lehren, statt irgendeine Gestalt zu vergöttern?
BC: Genau das. Das war auch immer die zentrale Lehre der grossen Lehrer. Jeder Lehrer ist gekommen, hat einer kleinen Gruppe seine Lehre vermittelt und ist dann anscheinend vom Planeten verschwunden. Er wurde in den Himmel gehoben oder ins Nirvana, schön weit weg von der Menschheit und das hat uns allein zurückgelassen, und so sind wir bildlich gesprochen in die Hände des Klerus geraten. Dieser hat die Lehre interpretiert, oder auch missinterpretiert, hauptsächlich um sich selbst an der Macht zu halten. Die Priester sind die Interpreten, sie sind das Bindeglied zwischen Gott und den Menschen. Gut, aber die Menschen brauchen diese Brücken gar nicht. Der Mensch hat Gott in sich. Die Kirchen haben immer gelehrt, dass Gott "dort oben" ist, und dass man aufpassen muss, was man sagt und tut, weil Gott zuhört. In Wahrheit ist es der Gott in uns, der wirklich zählt; der innere Gott bringt uns weiter auf dem Evolutionspfad, und wir müssen lernen, ihn in seiner wahren Natur zu zeigen, die Altruismus, Liebe, Grosszügigkeit, Fürsorglichkeit und noch weit mehr umfasst.

RO: Auf welche Weise können wir Spiritualität pflegen?

BC: Maitreya sagt, übt drei Dinge: Ehrlichkeit im Denken, Aufrichtigkeit im Geist und innere Gelassenheit. Das klingt leicht, ist aber recht schwierig, sonst würden wir diese Empfehlung sicher beherzigen. Meist denken wir das eine, sagen das andere und handeln noch einmal anders; wir sind nicht ehrlich im Denken. Wir müssen uns Ehrlichkeit im Denken einprägen und diese anwenden. Das ermöglicht uns die innere Gelassenheit. Wenn wir innerlich gelassen sind, führt das zu einem ehrlichen Denken. Das schliesst auch die Aufrichtigkeit des Geistes ein. Kaum jemand ist, der er ist. Die meiste Zeit ahmen wir andere nach. Wir möchten, dass wir in einem bestimmten Licht gesehen werden; dass wir angenehm, gut und ehrlich sind. Wir versuchen der Welt irgendein ideales Bild von uns vorzuspielen. Selten trifft man auf Menschen, die aufrichtig und ehrlich sind, wer sie sind. In diesem Zustand spricht man aus dem Herzen. Auf diese Art teilt sich die spirituelle Natur unmittelbar einem anderen mit und er kann darauf antworten. Auf diese Weise versucht man eine Beziehung von "Herz zu Herz" herzustellen. Dann ist man der, der man ist. Man hat die eigene Identität erfasst und bringt sie so zum Ausdruck, aufrichtig und vollständig. Daraus erwächst die innere Gelassenheit ganz selbstverständlich. Diese drei Haltungen arbeiten auf fruchtbare Weise zusammen: Innere Gelassenheit bewirkt Ehrlichkeit und Aufrichtigkeit und das stärkt wiederum die innere Gelassenheit. Maitreya sagt: "Nur das Selbst zählt" (das Selbst bedeutet den göttlichen Aspekt, den Herrn). "Wir sind dieses Selbst, dieses unsterbliche Wesen." Und er sagt, unser Schmerz, unser Leid, unsere Probleme rühren daher, dass wir uns mit allem Möglichen identifizieren, nur nicht mit diesem Selbst. Er sagt, frage dich "Wer bin ich?". Dabei entdecken wir schnell, dass wir uns mit dem Körper identifizieren, der nur eine Lebenszeit besteht und immer wieder erneuert wird, er kann also das ewige Selbst nicht sein.

Oder wir setzen uns gleich mit unseren vorübergehenden Gefühlen, Stimmungen und Unausgeglichenheiten, einen Tag fühlen wir das eine, am nächsten das andere. Sie können nicht das Selbst sein. Oder man identifiziert sich mit den Verstandeskräften, mit einem Glaubenssystem, einer Ideologie, je nachdem, ob wir Christ, Buddhist, Hindu oder noch etwas anderes sind und mit all den dazugehörigen Traditionen. Das Selbst interessiert es nicht im geringsten, ob man Christ, Buddhist, Muslim oder Hindu ist oder auch gar keiner Religion angehört; was zählt ist, dass man erfasst, dass man dieses Selbst ist und es zum Ausdruck bringt, dass man sich mit dem Selbst identifiziert, welches das selbe wie Gott ist. Selbst-Verwirklichung ist Gott-Verwirklichung. Praktiziert man die richtige Identifizierung und die innere Gelassenheit, erlangt man unvermeidlich Selbsterkenntnis, die zur Selbst-Verwirklichung führt. Das ist kein Glaube, keine Religion, keine Iedologie, sondern ein Segen für alle Menschen und das wahre Ziel des Lebens.

RO: Sie sagen, dass sich die Spiritualität des Menschen auch durch den Dienst weiterentwickelt. Gibt es eine richtige Form des Dienstes, um die man sich bemühen sollte?
BC: Die richtige Form des Dienstes ist, in jedem Moment das zu tun, was einem möglich ist. Es gibt natürlich unterschiedliche Bereiche des Dienstes. Mutter Teresa dient von morgens bis abends, sie hilft den Armen und Sterbenden in Kalkutta und andernorts; andere dienen als Präsidenten oder Premierminister grosser Nationen, besser oder schlechter, aber sie dienen; andere dienen als religiöse Ratgeber, als Berater; andere als Lehrer, als Künstler und so fort. Es gibt viele Formen des Dienstes, aber ihr gemeinsamer Nenner ist die Selbstlosigkeit. Dienst ist nur Dienst, wenn er altruistisch motiviert ist.

Zukünftige Veränderungen
RO: Können Sie noch etwas über die Veränderungen in der kommenden Zeit berichten. Und was sind die Voraussetzungen für diese Veränderungen?
BC: Es wird eine neue Technologie, 'die Technologie des Lichts', geben. Wir werden anfangen, das Licht direkt aus der Sonne zu nutzen. Alle Energieformen, die wir heuzutage benutzen, werden veraltet sein. Die neue Energie, direkt aus der Sonne, wird den gesamten Energiebedarf der Menschheit decken. Und natürlich kann sie von keinem Einzelwesen oder keiner Gruppe monopolisiert werden. Diese Energie ist überall, frei für alle und in jeder Hinsicht unbegrenzt. Sie wird auch in der Medizin Anwendung finden, in Zusammenhang mit einem weiterentwickelten Aspekt der Genforschung, in der die Menschheit bereits arbeitet. Ganze Organe werden neu geschaffen werden. Anstelle der aufwendigen Transplantation von Herz, Leber und Nieren, wird eine kurze ambulante Behandlung in einer Klinik genügen. Mit dieser neuentwickelten genetischen Verfahrenstechnik und der Technologie des Lichts wird sich im Körper ein neues Organ aufbauen lassen, ohne diesen zu öffnen. Ich weiss nicht wie oft, möglicherweise ein- oder zweimal im Leben.
Der Verkehr wird scheinbar bewegungslos, ruhig und schwingungslos verlaufen, so dass Müdigkeit verschwindet und wir lange Reisen unter-

nehmen können, ohne dabei zu ermüden. Es wird auch eine Zeit kommen, in der die Menschheit die Möglichkeit hat, sich durch Gedankenkraft, so wie die Meister es schon tun, an irgendeinen Ort der Welt zu begeben. Wenn Sie also nach Australien reisen wollen, denken Sie sich einfach dorthin und wieder zurück.

RO: Müssen wir Menschen uns das verdienen?
BC: Wir müssen anständige menschliche Wesen werden und erkennen, dass wir eins sind, Brüder und Schwestern einer Menschheit, und dass die Nahrungsmittel, die Rohstoffe, Energie, wissenschaftliche Erkenntnisse, Technologie, das Erziehungswesen, die Gesundheitsfürsorge für alle Menschen auf der Welt da sind, und dass alles auf diesem Planeten Erde gerechter neuverteilt werden muss: so können wir die Realität dieser einen Menschheit herstellen, die Bruderschaft der Menschen. Und auf diese Weise schaffen wir die richtigen Voraussetzungen, um all diesen technologischen Fortschritt zu verdienen.

Maitreyas Erscheinen im Überblick

Im **Juli 1977** verliess Maitreya sein Zentrum im Himalaya und kam per Flugzeug nach London – wie prophezeit "aus den Wolken" und "wie ein Dieb in der Nacht". Seitdem lebt er wie ein normaler Mensch und widmet sich politischen, sozialen und ökologischen Problemen.

Seit **März 1978** tritt er als Wortführer in der pakistanisch-indischen Einwanderergemeinde auf, jedoch nicht als religiöser Führer, sondern als Erzieher im weitesten Sinne – er weist den Weg aus der heutigen Weltkrise. Obwohl ihm aufgrund seiner weisen Ratschläge schon bald sehr grosse Achtung entgegengebracht wird, ist sein wahrer Rang nur wenigen bewusst.

Im **Mai 1982** gibt der britische Künstler und Autor Benjamin Creme auf einer Pressekonferenz zum ersten Mal bekannt, dass Maitreya in der asiatischen Gemeinde im Osten Londons lebt und auf eine Einladung von seiten der Menschheit wartet, um öffentlich anzutreten zu können, ohne unseren freien Willen zu verletzen.

Im **August 1987** erklärt Creme: "In den kommenden drei bis vier Monaten wird Maitreya intensiv daran arbeiten, dass in den internationalen Beziehungen ein Durchbruch gelingt." Kaum einen Monat später kommt der Durchbruch mit dem amerikanisch-sowjetischen Gipfeltreffen und im Dezember mit dem Abrüstungsabkommen zustande, was niemand für möglich gehalten hatte. Weitere einschneidende, historische Entwicklungen zum Guten, die als ziemlich unvorstellbar galten: das Ende der Apartheid in Südafrika, der Fall der Berliner Mauer, das Friedensabkommen zwischen Israelis und Palästinensern, die Friedensinitiative der Nato für Bosnien und der sich abzeichnende Friedensprozess in Nordirland.

Seit April 1988 macht ein enger Mitarbeiter Maitreyas in London zwei Journalisten mit dessen geistigen Lehren und einer Reihe von Vorhersagen zu Weltereignissen bekannt, die auch veröffentlicht werden. Diese Prognosen haben sich bisher mit bemerkenswerter Präzision erfüllt.

Maitreya erscheint nun, manchmal persönlich, manchmal im Traum, führenden Persönlichkeiten, vielen normalen Menschen und auf kleinen und grossen Versammlungen in aller Welt. Zum ersten Mal geschah dies in Nairobi in Kenia, am 11. Juni 1988. Er tauchte dort 'wie aus dem Nichts' auf einer grossen Gebetsversammlung auf, wo er auch photographiert wurde. Er sprach zu der Menge, und viele hielten ihn auf Anhieb für den Christus, viele Menschen wurden geheilt. Die Medien, darunter auch CNN brachten die Geschichte weltweit.

Seit 1991 setzt Maitreya diese wundersamen 'Erscheinungen' fort, er zeigt sich offenbar vor allem auch strenggläubigen Gruppen aus unterschiedlichen Religionen. Im Umkreis einiger Orte, in denen er auftrat, wurden Heilquellen entdeckt: in Tlacote in Mexiko, in Nadana in Indien, in Nordenau in Deutschland. Bis heute wurden weltweit einhundert Quellen mit Heilkraft aufgeladen, und nach und nach werden die Menschen, die dort wohnen, sie entdecken.

Inzwischen geschehen weltweit die merkwürdigsten Dinge, die selbst die Medien staunen lassen: weinende und blutende Marienstatuen, Begegnungen mit 'Engeln', Lichtkreuze, Kornkreise, sich in Luft auflösende Tramper und, erst kürzlich, indische Götterfiguren, die von den Gläubigen Milch annehmen und 'trinken'.

Maitreya wird sich, so die Ankündigung, zum ersten Mal in grösserem Rahmen anlässlich eines grossen Fernseh-Interviews in der Öffentlichkeit zeigen. Dieser Schritt wird dann zum 'Deklarationstag' führen, an dem er die ganze Menschheit innerlich ansprechen wird, jeder wird ihn im Innern in der eigenen Sprache vernehmen, und Tausende von Spontanheilungen werden geschehen. Wer Fernsehen hat, wird ihn auch sehen können – eine weltweite Satellitenübertragung macht dies möglich. So wird jeder überall erfahren können, dass der Weltlehrer unter uns ist.

Maitreyas Lehren

Maitreya ist nicht gekommen, um eine neue Religion zu stiften. Er ist Lehrer und Ratgeber für die ganze Menschheit – *unabhängig von einer religiösen Zugehörigkeit*. Er wird uns zeigen, wie das Prinzip der Liebe für alle unsere Beziehungen gelten kann, sei es auf wirtschaftlichem, politischem, pädagogischem, kulturellem oder sozialem Gebiet.

Er wird uns Wege zeigen, wie wir unsere eigene Göttlichkeit, unser eigentliches Wesen als Seele erkennen können. Und wenn dann das geistige Verständnis und die Kreativität der Menschen erwachen, wird sich eine ganz neue Lebendigkeit und Harmonie und Freude verbreiten. Wir werden das Prinzip des Teilens kennenlernen und die Einheit allen Lebens, ob klein oder gross, wirklich erfahren.

Seine Botschaft ist sehr einfach: "Teilt untereinander und rettet so die Welt." Auf diesem Wege können wir Krieg, Unterdrückung und Hunger bannen. "Nehmt die Bedürfnisse eures Bruders als Maßstab für euer Handeln und löst so die Probleme der Welt. Es gibt keinen anderen Weg."

Maitreya ist sich sicher, dass wir diese Botschaft verstehen, und dass eine neue Epoche des Friedens und des guten Willens beginnt.

Unendlichkeit als Ziel

von Meister —, durch Benjamin Creme

Schon immer war es der Grundsatz der Geistigen Hierarchie, die Menschheit über alle Aspekte esoterischen Wissens zu informieren und auf dem Laufenden zu halten, soweit diese Öffnung und exoterische Erschliessung gefahrlos blieb.

Das war über lange Zeiträume nur in einem begrenzten Ausmass möglich. In den letzten hundert Jahren jedoch wurden mehr Informationen übermittelt und mehr Wissen erschlossen denn je zuvor in der Geschichte der Menschheit. Daran lässt sich ablesen, dass der Mensch zunehmend Verständnis entwickelt für die subtilen inneren Gesetzmässigkeiten, die hinter dem äusseren Erscheinungsbild der Dinge und Ereignisse stehen, und er spürbar das Bedürfnis hat, ganz bewusst an seiner eigenen Evolution und Entwicklung mitzuwirken.

Jetzt, da wir an der Schwelle einer neuen Epoche stehen, dürfen wir darauf vertrauen, dass uns in einem nie dagewesenen Ausmass bislang gehütete Lehren erschlossen werden, deren Verständnis und Verarbeitung noch mehr Licht auf die Geheimnisse des Universums und die Natur des menschlichen Seins werfen werden. Wir, die Hüter des Menschengeschlechts, freuen uns auf die Zeit, in der alles offenbart werden kann und Menschen und Meister offen und vertrauensvoll zusammenarbeiten, in der Gewissheit, dass bei dieser Kooperation niemand zu Schaden kommen kann.

Noch ist die Zeit nicht gekommen, aber die Vorbereitungen für eine engere Zusammenarbeit als je zuvor sind schon im Gang. Die erste Gruppe von Meistern, die ihren Platz in der Welt einnimmt, hat vor allem die Aufgabe, eine solche Zusammenarbeit anzuregen und Gruppen bewährter Jünger um sich zu sammeln, die die Lehren zuverlässig und unverfälscht weitergeben können.

Verschiedene Methoden werden bereits erprobt und Experimente durchgeführt; sie liefern uns die Informationen, wie wir ohne Zeit- und Energieverlust weiterhin vorzugehen haben. Da wir auf alle Veränderungen der Umstände flexibel reagieren, unternehmen wir keinen wichtigen Schritt ohne gründliche Vorbereitung und Planung. So war es immer....

Bald wird die erste Gruppe der Meister bekannt und ihre Namen den Jüngern in der Welt vertraut sein. Mit wachsender Zuversicht wird sich die Menschheit an sie um Rat wenden und sich ihrer Führung anvertrauen. So werden sie mit Hilfe der Menschen und durch sie grosse Veränderungen herbeiführen. Mit ihrer Inspiration wird man eine Neue Ordnung schaffen, in der das Wissen und Verständnis der Menschen bis zu den Sternen und darüberhinaus reichen wird und sie ihr Ziel allein im Unendlichen erblicken werden. So wird es sein.

Der Weg des Dienens

Maitreya, der Weltlehrer, aus Botschaft Nr.13 (19.1.1978)

... Meine Mission macht planmässig Fortschritte, und wenn alles gut geht, werdet ihr bald meine Stimme hören.

Unterdessen möchte ich folgendes sagen: Die Menschheit hat ihren Weg verloren und ist weit abgeirrt von dem ihr von Gott vorgezeichneten Weg. Viele auf der Welt wissen das heute, sie suchen und beten und arbeiten für das Licht. Doch die Mehrheit ist blind, sie würde ins Verderben laufen. Mein Plan ist es, den Absturz zu verhindern und einen Wandel herbeizuführen.

Meine Gegenwart bewirkt bereits Veränderungen in den Köpfen und den Herzen der Menschen, und sie wundern sich.

Meine Bemühungen erweisen sich wider allen Anschein als wirksam. Die Menschen wenden sich wieder der Wahrheit zu, den Gesetzmässigkeiten, die Gott sind.

Lasst mich euch den Weg in die neue Zeit zeigen und euch die Herrlichkeiten beschreiben, die, so ihr wollt, die euren sein können. Der Mensch ist geschaffen, um sowohl Gott als den Menschen zu dienen, und nur durch solch richtiges Dienen lässt sich der Weg zu Gott beschreiten.

... Jeder Mensch ist ein Leuchtturm und verbreitet Licht für seinen Bruder.

Lasst eure Lampen brennen und leuchtet, um den Weg zu weisen.

Alle werden gebraucht, jeder einzelne.

Keiner ist zu gering oder zu jung, um am grossen Plan der Befreiung und Resozialisierung unserer Welt teilzunehmen.

Entschliesst euch dazu und seid meiner Hilfe gewiss.

Wie beginnen?

Weiht euch und alles, was ihr seid und wart, dem Dienst an der Welt, dem Dienst an euren Brüdern und Schwestern überall.

Lasst keinen einzigen Tag vergehen ohne einen wirklichen Akt des Dienens und seid meiner Hilfe gewiss.

Dieser Weg des Dienens ist der einzige Weg für wahre Menschen, denn dieser Weg führt sie zu Gott. ...

Die Grosse Invokation

Aus dem Quell des Lichts im Denken Gottes
ströme Licht herab ins Menschen-Denken.
Es werde Licht auf Erden.

Aus dem Quell der Liebe im Herzen Gottes
ströme Liebe aus in alle Menschenherzen.
Möge Christus wiederkommen auf Erden.

Aus dem Zentrum, das den Willen Gottes kennt,
lenke planbeseelte Kraft den kleinen Menschenwillen
zu dem Ziele, dem die Meister wissend dienen.

Durch das Zentrum, das wir Menschheit nennen,
entfalte sich der Plan der Liebe und des Lichts
und siegle zu die Tür zum Übel.

Lass Licht und Liebe und Kraft
den Plan auf Erden wieder herstellen.

Die Grosse Invokation, die der Christus im Juni 1945 zum ersten Mal
sprach, übergab er der Menschheit, damit sie die Energien, die die Welt
verändern werden, selbst anrufen und damit die Rückkehr des Christus
und der Hierarchie ermöglichen könnte. Sie wurde in viele Sprachen übersetzt und wird heute in jedem Land benutzt.

Man kann diese 'Anrufung' noch verstärken, indem man sie zu dritt
(in Dreiecksformation) spricht. Wenn Sie auf diese Weise mitarbeiten wollen, vereinbaren Sie mit zwei befreundeten Menschen, sie täglich laut zu
sprechen. Man muss dazu nicht am gleichen Ort, im gleichen Land sein
oder sie zur gleichen Zeit sprechen, sondern jeder zu der für ihn günstig-
sten Zeit. Man verbindet sich dabei in Gedanken mit den beiden anderen
und stellt sich ein Dreieck aus weissem Licht vor, das über den Köpfen
zirkuliert und gleichzeitig an ein grosses Netzwerk solcher Dreiecke an-
geschlossen ist, das die ganze Welt umspannt.

Gebet für das neue Zeitalter

Ich bin der Schöpfer des Universums.
Ich bin Vater und Mutter des Universums.
Alles kam von mir.
Alles kehrt zurück zu mir.
Denken, Geist und Körper sind meine Tempel,
worin das Selbst verwirklicht
mein höchstes Sein und Werden.

Das Gebet für das neue Zeitalter wurde von Maitreya eingeführt. Es ist ein grosses Mantra, eine sogenannte Affirmation und hat invokative Wirkung. Mit der Anwendung dieses Gebets wird einem bewusst, dass Mensch und Gott eins und unteilbar sind. Das "Ich" ist das göttliche Prinzip, das hinter der ganzen Schöpfung steht. Dieses höhere Ich oder Selbst ist eine Emanation des göttlichen Prinzips und mit ihm identisch.

Dieses Gebet erweist sich als besonders wirksam, wenn man es mit konzentriertem Willen spricht oder 'denkt' und dabei die Aufmerksamkeit im Zentrum zwischen den Augenbrauen hält. Wenn sein Sinn erkannt und gleichzeitig der Wille eingesetzt wird, dann werden die formulierten Ideen aktiviert und das Mantram entfaltet seine Wirkung. Wenn man es jeden Tag ernsthaft spricht, wächst in einem allmählich das Bewusstsein für das eigentliche, wahre Ich.

Glossar der esoterischen Begriffe

Ajna-Zentrum – Das Energiezentrum (Chakra) zwischen den Augenbrauen. Das richtungsweisende Zentrum für die Persönlichkeit. Seine Entsprechung auf der physischen Ebene ist die Hypophyse.

Antahkarana – Ein unsichtbarer Lichtkanal, der die Brücke zwischen dem physischen Gehirn und der Seele bildet und durch Meditation und Dienst aufgebaut wird.

Anti-Christ – Die Energie des Willensaspektes Gottes in ihrer involutionären Phase, die die alten Formen und Beziehungen, so beispielsweise am Ende eines Zeitalters, zerstört, um den Weg für die aufbauenden Kräfte des Christusprinzips vorzubereiten. Im römischen Zeitalter manifestierte sie sich in Kaiser Nero und in neueren Zeiten in Hitler und sechs seiner Anhänger.

Ashram – Gruppe eines Meisters. In der Geistigen Hierarchie gibt es 49 Ashrams, sieben Haupt- und 42 Nebenashrams, denen jeweils ein Meister der Weisheit vorsteht.

Astralebene – Die Ebene der Emotionen, einschliesslich der polaren Gegensätze wie Hoffnung und Furcht, sentimentale Liebe und Hass, Glück und Leid. Die Ebene der Illusion.

Astralkörper – Der emotionale Träger eines Menschen.

Ätherische Ebenen – Vier stoffliche Ebenen, die noch feiner als gasförmig sind. Für die meisten Menschen noch nicht sichtbar.

Ätherkörper – Der feinstoffliche Körper, das energetische Äquivalent zum physischen, grobstofflichen Körper, das sich aus sieben Hauptzentren (Chakras) und 42 Nebenzentren zusammensetzt. Es bildet ein Netzwerk, das alle Zentren und winzigen Energiefäden (Nadis) verbindet und mit jedem Teil des Nervensystems zusammenhängt. Blockaden im Ätherkörper können physische Krankheiten hervorrufen.

Avatar – Ein geistiges Wesen, das 'herabsteigt', wenn die Menschheit danach ruft und in Not ist. Es gibt menschliche, planetare und kosmische Avatare. Letztere würde man als 'göttliche Inkarnationen' bezeichnen. Ihre Lehre erweitert unser Verständnis, wenn sie richtig verstanden und nach und nach von der Menschheit umgesetzt wird, und hat die nächst höhere Stufe der evolutionären Entwicklung der Menschheit zum Inhalt.

Avatar der Synthese – Ein grosses kosmisches Wesen, das die Energien des Willens, der Liebe, der Intelligenz sowie eine weitere Energie verkörpert, für die wir noch keinen Namen haben. Seit 1940 sendet er diese Energien in die Welt und wandelt nach und nach Uneinigkeit in Einigkeit um.

Buddha – Letzter Avatar des Widderzeitalters. Vorheriger Weltlehrer, der sich um 500 vor Christus in Prinz Gautama manifestierte. Die Verkörperung der Weisheit. Zur Zeit fungiert er als 'göttlicher Vermittler' zwischen Shamballa und der Hierarchie. Die Buddhisten erwarten ihren nächsten grossen Lehrer unter dem Namen Maitreya Buddha.

Buddhi – Die Universalseele oder der Universaldenker; die höhere Vernunft; liebevolles Verständnis; Liebe-Weisheit. Die Liebesenergie, wie sie die Meister erfahren.

Buddhische Ebene – Ebene göttlicher Intuition.

Chakren – Energiezentren (Wirbel) im Ätherkörper im Bereich der Wirbelsäule mit Bezug zu den sieben wichtigsten endokrinen Drüsen. Sie sind zuständig für die Koordination und Vitalisierung aller Körper (mental, astral und physisch) und deren Wechselbeziehung mit der Seele, dem Hauptzentrum des Bewusstseins. Es gibt sieben grosse und 42 kleinere Zentren.

Christus – Bezeichnung für das Amt des Oberhauptes der Geistigen Hierarchie; der Weltlehrer; der Meister aller Meister. Derzeitiger Amtsträger ist Lord Maitreya.

Christus-Bewusstsein – Die Energie des kosmischen Christus, auch Christus-Prinzip genannt. Es hat sich für uns in Christus verkörpert und erwacht nun in den Herzen von Millionen von Menschen auf der ganzen Welt. Die Evolutionsenergie per se.

Das Böse – Alles was die evolutionäre Entwicklung behindert.

Deklarationstag – Der Tag, an dem sich Maitreya der Welt während einer weltweiten Radio- und Fernsehübertragung zu erkennen geben wird. Auch Menschen, die nicht zuhören oder zuschauen, werden seine Worte telepathisch in ihrer eigenen Sprache hören, und gleichzeitig werden Tausende von Spontanheilungen auf der ganzen Welt stattfinden. Der offizielle Beginn von Maitreyas Mission in der Welt.

Deva – Engel oder himmlisches Wesen, das einem sich parallel zur Menschheit entwickelnden Naturreich angehört. Dieses erstreckt sich von den subhumanen Elementarwesen bis zu übermenschlichen Wesen auf der gleichen Stufe wie ein planetarer Logos. Sie sind 'die aktiven Erbauer', sie arbeiten intelligent mit der Materie und erschaffen so alle für uns sichtbaren Formen, einschliesslich der Mental-, Emotional- und physischen Körper der Menschheit.

Dreieck – Eine Gruppe von drei Menschen, die sich jeden Tag in Gedanken für einige Minuten schöpferischer Meditation verbinden.

Ebene – Eine Manifestationsstufe.

Einweihung – Ein freiwilliger Prozess, bei dem in stufenweise aufeinanderfolgenden Phasen Einswerdung und Einssein des inkarnierten Menschen und seiner Seele mit der göttlichen Monade oder 'dem Funken Gottes' entsteht. Jede Phase verleiht dem Eingeweihten ein tieferes Verständnis für Sinn und Absicht des göttlichen Plans, grössere Erkenntnis seiner Rolle in diesem Plan und zunehmende Fähigkeit, bewusst und intelligent an seiner Erfüllung zu arbeiten.

Energie – Aus esoterischer Sicht besteht das gesamte manifestierte Universum aus nichts anderem als Energie. Energie schwingt in unterschiedlichen Frequenzen, und die jeweilige Frequenz bestimmt die Form, die die Energie annehmen wird. Energie spricht auf Gedanken an und kann von ihnen gelenkt werden.

Esoterik – Die Philosophie des Evolutionsprozesses der Menschheit und der niederen Naturreiche. Die Wissenschaft der gesammelten Weisheit aus Jahrtausenden. Sie bietet eine systematische und umfassende

Darstellung der energetischen Struktur des Universums sowie der Rolle des Menschen darin. Sie beschreibt die Kräfte und Einflüsse hinter der Welt der Phänomene sowie den Prozess der Bewusstwerdung und Meisterung dieser Kräfte.

Evolution – Der Prozess der Vergeistigung der Materie; der Weg zurück zum Ursprung. Das Lüften des Schleiers der Illusionen und Täuschungen, was schliesslich zu kosmischem Bewusstsein führt.

Geist (spirit) – Für Maitreya steht dieser Begriff für die gesamten Energien (die Lebenskraft), die den Menschen beleben und aktivieren. Geist als esoterischer Begriff steht auch für die Monade, die sich in der Seele widerspiegelt.

Geist des Friedens oder Gleichgewichts – Ein kosmisches Wesen, das Maitreya in seiner Arbeit unterstützt, indem es ihn mit seiner Energie überschattet. Er arbeitet eng mit dem Gesetz von Aktion und Reaktion zusammen, um die gegenwärtigen chaotischen Zustände in ihr genaues Gegenteil zu verwandeln.

Geistig (spirituell) – Die Qualität jeder Aktivität, die den Menschen zu einem physischen, emotionalen, intuitiven oder sozialen Entwicklungsschritt beflügelt und ihn aus seinem gegenwärtigen Zustand herausführt und ihn weiterbringt.

Geistige Hierarchie (Weisse Bruderschaft, Gesellschaft der Erleuchteten Denker) – Das Reich Gottes, das geistige Reich oder Reich der Seelen, das aus den Meistern und Eingeweihten aller Grade besteht, deren Ziel es ist, den Plan Gottes auszuführen. Das planetare Zentrum der Liebe-Weisheit.

Gesetz der Wiedergeburt – siehe Reinkarnation

Gesetz von Ursache und Wirkung (Gesetz von Aktion und Reaktion) – siehe Karma

Gott – (siehe Logos) Das grosse kosmische Wesen, das diesen Planeten beseelt und alle Gesetze und alle von diesen Gesetze regierten Energien verkörpert und damit alles darstellt, was wir sehen und nicht sehen können.

Grosse Invokation – Eine uralte Formel, die von der Hierarchie für die Menschheit übersetzt wurde, damit sie die Energien, die unsere Welt verändern, anzurufen kann. Sie wurde in viele Sprachen übersetzt und wird täglich von Millionen Menschen benutzt.

Guru – Ein geistiger, spiritueller Lehrer.

Herr der Welt – siehe Sanat Kumara.

Hierarchie – siehe Geistige Hierarchie

Hierophant – Der Einweihende. Entweder Christus bei den ersten beiden planetaren Einweihungen oder der Herr der Welt ab der dritten Einweihung.

Illusion – Täuschung auf der Mentalebene. Die Seele, deren Instrument das Denken ist, erhält, wenn dieses verblendet ist, ein verzerrtes Bild der Welt der Phänomene.

Imam Mahdi – Der Prophet, dessen Rückkehr von einigen islamischen Glaubensgemeinschaften erwartet wird, damit er die von Mohammed begonnene Arbeit vollenden kann.

Inkarnation – Die Manifestation der Seele als dreifältige Persönlichkeit, sie unterliegt dem Gesetz der Wiedergeburt.

Involution – Der Prozess, in dem sich der Geist in die Materie, in seinen Gegenpol herabbegibt.

Jesus – Ein Meister der Weisheit und Jünger des Christus, Maitreyas. Mit seiner Zustimmung wirkte Christus durch ihn während des Zeitraums von seiner Taufe bis zur Kreuzigung. Er wird in der kommenden Zeit eine führende Rolle spielen und dem christlichen Glauben neue Impulse und eine andere Wendung geben.

Karma – Der im Osten gebräuchliche Name für das Gesetz von Ursache und Wirkung. Das grundlegende Gesetz, dem unsere Existenz in diesem Sonnensystem unterworfen ist. Jeder Gedanke, jede Tat von uns setzt eine Ursache in Bewegung. Diese Ursachen haben Wirkungen, die unser Leben zum Guten oder Schlechten wenden. In der Bibel heisst es: 'Was du säst, das wirst du ernten.' In den Naturwissenschaften: 'Auf jede Aktion folgt eine gleiche und entgegengesetzte Reaktion.'

Kausalebene – Die dritte der vier höheren Mentalebenen, auf der sich die Seele aufhält.

Kausalkörper – Dient der Seele auf der Kausalebene als Manifestationskörper. Der 'Behälter', der das Bewusstsein für den jeweiligen Evolutionsgrad der eigenen Entwicklung speichert.

Kräfte der Finsternis (Kräfte des Bösen, Kräfte der Stofflichkeit) – Die involutionären oder materialistischen Kräfte, die den Materie-Aspekt des Planeten aufrechterhalten. Wenn sie aus der Rolle fallen und ihre Befugnisse überschreiten und den geistigen Fortschritt der Menschheit behindern, werden sie als 'böse' bezeichnet.

Kräfte des Lichts (Kräfte der Evolution) – Die Geistige Hierarchie unseres Planeten. Das planetare Zentrum der Liebe und Weisheit.

Krishna – Ein grosser Avatar, der um 3000 vor Christus erschien und sich Lord Maitreya zur Verfügung stellte, der sich während des Widderzeitalters in ihm manifestierte. Krishna demonstrierte, wie notwendig es ist, Kontrolle über den astralen-emotionalen Bereich zu gewinnen und öffnete damit das Tor für die zweite Einweihung. Die Hindus erwarten eine neue Inkarnation Krishnas gegen Ende des Kali Yuga, des dunklen Zeitalters.

Logos – Gott. Das kosmische Wesen, das einen Planeten beseelt (planetarer Logos), ein Sonnensystem (solarer Logos), eine Galaxie (galaktischer Logos) und so weiter bis zur Unendlichkeit.

Maitreya – Der Weltlehrer für das Wassermannzeitalter. Der Christus, das Oberhaupt der Geistigen Hierarchie unseres Planeten. Der Meister aller Meister.

Manas – Höheres Denken

Mann/Frau – Die physische Manifestation einer geistigen Monade (des höheren Ich oder Selbst), sie ist ein einzelner Funke des einen, unteilbaren Geistes (Gott).

Meditation – Wissenschaftliches Verfahren zur Kontaktaufnahme und allmählichen Einswerdung mit der eigenen Seele. Ebenso der Prozess des sich Öffnens, das heisst, offen zu sein für geistige Eindrücke und damit für eine Kooperation mit der Geistigen Hierarchie.

Meister der Weisheit – Menschen, die sich bereits der fünften Einweihung unterzogen haben. Sie haben alle Erfahrungen durchlaufen, die das Leben in dieser Welt anbietet und dabei vollkommene Meisterschaft über sich selbst und die Naturgesetze erlangt. Sie sind Hüter des Evolutionsplans und aller Energien, die auf diesen Planeten einwirken und die Erfüllung des Plans vollbringen.

Mentalebene – Die Denkebene, auf der die mentalen Prozesse stattfinden.

Mentalkörper – Der Träger der Persönlichkeit auf der Mentalebene.

Monade/ höheres Ich oder Selbst – Reiner Geist, der die göttliche Dreifaltigkeit widerspiegelt: (1) göttlicher Wille oder Macht (Vater); (2) Liebe-Weisheit (Sohn); (3) aktive Intelligenz (Heiliger Geist). Der 'Funke Gottes', der in jedem menschlichen Wesen wohnt.

Okkult – Verborgen. Die verborgene Wissenschaft der Energie (siehe Esoterik).

Permanente Atome – Die drei Atome der Materie (ein physisches, ein astrales und ein mentales), um die herum die Körper für eine neue Inkarnation aufgebaut werden. Sie speichern die Schwingungsrate des Menschen zum Zeitpunkt des Todes und garantieren dafür, dass der bis dahin errungene energetische 'Evolutionsstand' in das jeweils darauffolgende Leben übertragen wird.

Persönlichkeit – Dreifältiger Träger der Seele auf der physischen Ebene, der aus einem mentalen, einem emotionalen (astralen) und einem physischen (fein- und grobstofflichen) Körper besteht.

Physische Ebene – Stofflicher Zustand mit der niedrigsten Schwingung, inklusive grobstofflicher, flüssiger, gasförmiger und ätherischer, also feinstofflicher Materie.

Planetarer Logos – Göttliches Wesen, das einen Planeten beseelt.

Pralaya – Ein nicht-mentaler, nicht-astraler, nicht-materieller Seinszustand zwischen Tod und Wiedergeburt, in dem der Lebensimpuls ruht. Eine Erfahrung vollkommenen Friedens und unendlicher Glückseligkeit, bevor man sich in die nächste Inkarnation begibt. Entspricht der christlichen Vorstellung vom Paradies.

Reinkarnation (Gesetz der Wiedergeburt) – Der Prozess, der es Gott möglich macht, sich durch einen 'Mittler' (durch uns) herabzubegeben und in seinen Gegenpol – die Materie – einzubringen, um dann die nun ganz von der göttlichen Natur durchdrungene Materie wieder in sich aufzunehmen. Das Gesetz des Karma zieht uns immer wieder in die Inkarnation zurück, bis wir allmählich durch den Evolutionsprozess unsere angeborene Göttlichkeit immer wahrhaftiger zum Ausdruck bringen können.

Sanat Kumara – Der Herr der Welt; er ist die ätherische, feinstoffliche Verkörperung unseres planetaren Logos und wohnt in Shamballa. Ein grosses Wesen, das ursprünglich von der Venus stammt und vor 18,5 Millionen Jahren das Opfer auf sich nahm, zum Persönlichkeitsträger für die unseren Planeten beseelende Gottheit zu werden. Derjenige Gottesaspekt, den wir am besten erkennen können.

Schwingung – Energiebewegung. Jede Energie schwingt auf einer eigenen, spezifischen Frequenz. Der Evolutionsprozess vollzieht sich durch Erhöhung der Schwingungsrate als Antwort auf das Einströmen höherer Energien.

Seele (Ego, höheres Ich oder Selbst, innerer Herrscher, Christus in uns, Sohn des Denkens, Sonnenengel) – Das verbindende Prinzip zwischen Geist und Materie; zwischen Gott und seiner Form. Verleiht allen Manifestationen in der Form Bewusstsein, Charakter und Qualität.

Selbst/Monade – Das höhere Ich, der göttliche Funke in jedem menschlichen Wesen.

Selbst-Verwirklichung – Der Entwicklungsprozess, in dem wir unsere göttliche Natur erkennen und entfalten.

Shamballa – Ein Energiezentrum; das Hauptzentrum des Planeten. Es liegt über der Wüste Gobi auf den zwei höchsten ätherischen Ebenen. Von diesem und durch dieses Zentrum ergiesst sich die Shamballakraft, die Energie des Willens oder der Absicht. Es entspricht dem Scheitelzentrum (Chakra).

Sonnenlogos – Göttliches Wesen, das unser Sonnensystem beseelt.

Spirituell – siehe geistig

Strahlen – Die sieben Ströme der universalen göttlichen Energie. Jeder ist Ausdruck einer grossen lebensspendenden Kraft. Ihre Interaktion in jeder nur denkbaren Frequenz erschafft Sonnensysteme, Galaxien und Universen. Die Bewegung dieser Energien in spiralförmigen Zyklen zieht alle Wesen in die Manifestation hinein oder aus ihr heraus und färbt und sättigt sie mit spezifischen Qualitäten und Attributen.

Träger (Instrument, Vehikel) – Eine Form, deren sich höhere Wesen bedienen müssen, um sich auf den niederen Ebenen manifestieren zu können können.

Transmissionsmeditation – Eine spezielle Form von Gruppenmeditation und Dienst. Die Teilnehmer stellen ihre Energiezentren (Chakren) als Instrument zur Verfügung, damit die von der geistigen Hierarchie der Meister ausgestrahlten Energien heruntergestuft werden können. So wird der Planet mit einem 'Energiepool' versorgt, der für die Menschheit leichter zugänglich und nutzbar wird. Auch eine wirkungsvolle Methode zur persönlichen geistigen Entwicklung.

Überschattung – Ein freiwilliger Prozess der Zusammenarbeit, bei dem das Bewusstsein eines Meisters zeitweilig in den physischen, emotionalen oder mentalen Körper eines Jüngers eintritt und durch ihn arbeitet.

Verblendung – Illusion auf der Astralebene. Der Zustand, in dem das Denken von emotionalen Impulsen aus den Astralebenen verschleiert und damit daran gehindert wird, die Realität klar zu erkennen. Beispiele: Furcht, Selbstmitleid, Kritik, Argwohn, Selbstgerechtigkeit, Überbewertung der Stofflichkeit.

Wassermann – Astronomisch gesehen das Wassermannzeitalter, das jetzt beginnt und ungefähr 2350 Jahre dauern wird. Als esoterischer Begriff steht er für den Wasserträger, das Zeitalter von Maitreya und die geistige Wassermannenergie der Synthese und Brüderlichkeit.

Weltlehrer – Das Oberhaupt der Geistigen Hierarchie in jedem beliebigen Zyklus. Der Meister aller Meister. Das Amt hat gegenwärtig Lord Maitreya inne.

Yoga – Die Vereinigung der niederen mit der höheren Natur. Auch unterschiedliche Formen und Techniken, um Kontrolle über den physischen, astralen oder mentalen Körper zu erlangen.

Zeitalter – Weltzyklus von etwa 2350 Jahren, der von der Beziehung zwischen Erde, Sonne und den Konstellationen des Tierkreises bestimmt wird.

Zeitlose Weisheit – Alte geistige Lehre, auf der alle Weltreligionen sowie alle wissenschaftlichen, sozialen und kulturellen Errungenschaften beruhen. Sie wurde zum ersten Mal der allgemeinen Öffentlichkeit gegen Ende des 19. Jahrhunderts mit den Schriften von Helena Petrovna Blavatsky zugänglich gemacht und in diesem Jahrhundert von Alice A. Bailey, Helena Roerich und Benjamin Creme.

Literaturhinweise

Bücher von Benjamin Creme

Maitreya – Christus und die Meister der Weisheit

Dieses Buch informiert über die Wiederkehr des Christus; über die Ereignisse, die damit in Zusammenhang stehen, und deren Auswirkungen auf die bestehenden Institutionen; über den Antichrist und die Kräfte des Bösen; über die Seele und Reinkarnation; über Meditation, Telepathie, Kernenergie, Ufos, frühere Zivilisationen; über die Probleme der Dritten Welt und eine neue Wirtschaftsordnung.
ISBN 3-9800997-2-5, 291 Seiten

Maitreyas Mission, Band 1

Dieses Buch bringt neuere Informationen über Maitreya, den Christus in London – seine Arbeit und seine Lehren, über das zu erwartende Leben im neuen Zeitalter, über Evolution und Einweihung, Meditation und Dienst, Heilen und gesellschaftliche Veränderungen, Sathya Sai Baba, über die Meister der Weisheit und ihren Schritt in die Öffentlichkeit, über die Sieben Strahlen und die Strahlenstrukturen von über 600 bedeutenden historischen Persönlichkeiten.
ISBN 3-9800997-1-7, 396 Seiten

Maitreyas Mission, Band 2

In diesem umfangreichen Werk zeigt Creme auf, dass die Schrecken und das Chaos dieser Zeit nur die unvermeidlichen Geburtswehen einer kom- menden, glanzvollen Zivilisation sind, in der Teilen, Gerechtigkeit und Frieden unsere Prio- ritäten sein werden. Zum Inhalt: Maitreyas geistige Lehren und seine Vorhersagen; weltweite Zeichen und Wunder, mit Farbphotos; Interviews mit einem Meister der Weisheit zum Zeitgeschehen und Vorträge von Benjamin Creme zu Themen wie Meditation, Wachstum des Bewusstseins, Psychologie, Gesundheit, Umwelt, Dienst an der Welt, Wissenschaft und Technik im neuen Zeitalter. Und: weitere Strahlenstrukturen.
ISBN 3-9800997-3-3, 710 Seiten

Transmission – eine Meditation für das neue Zeitalter

Dieses Buch bietet eine Übersicht über die Wissenschaft der Energie-Übermittlung, so wie sie auf diesem Planeten seit über 18 Millionen Jahren besteht, und gibt detaillierte Antworten auf grundsätzliche Fragen, die im Zusammenhang mit dieser Meditation immer wieder auftauchen. Z.B.: Anwendung der Grossen Invokation; Verbindung zwischen Gehirn und Seele, Dreiecks- arbeit und Transmission, Gefahren bei der Meditation; Seelen-Energie zum Dienst einsetzen; Medialität und höhere Telepathie.
ISBN 3-9800997-7-6, 108 Seiten

Erschienen bei Edition Tetraeder und im Buchhandel erhältlich.

SHARE INTERNATIONAL
Ein Aufruf zum Teilen

SHARE INTERNATIONAL bringt jeden Monat: • Neue Information über den Weltlehrer Maitreya • Einen Beitrag von einem Meister der Weisheit • Weiterführende Erläuterungen der esoterischen Lehren • Beiträge und Interviews von Fachleuten verschiedener Gebiete zu Themen wie: Beseitigung von Hunger und Armut; gesellschaftliche und wirtschaftliche Veränderungen; Politik, Frieden und Menschenrechte; Naturwissenschaften und Medizin; Psychologie und Bildung • Nachrichten über UN-Aktivitäten und positive Entwicklungen bei der Transformation unserer Welt • Eine Rubrik, in der Benjamin Creme regelmässig auf Fragen und Leserzuschriften zu diesen Themen eingeht.

SHARE INTERNATIONAL vereint die beiden vorwiegenden Denkrichtungen des neuen Zeitalters – die politische und die geistige, die spirituelle Denkweise. Diese Zeitschrift weist auf die Synthese hin, die den heute weltweit zu beobachtenden politischen, sozialen, ökonomischen und geistigen Veränderungen zugrundeliegt; und sie sucht zu praktischem Handeln und Mitarbeit bei der Umgestaltung der Welt anzuregen – im Sinne von mehr Gerechtigkeit und Mitgefühl.

SHARE INTERNATIONAL befasst sich mit Nachrichten, Ereignissen und Kommentaren, die einen Bezug zu Maitreyas Prioritäten haben: ausreichende, gute Ernährung und angemessene Wohnverhältnisse für alle sowie Gesundheitsfürsorge und Bildung als universelles Recht und die Erhaltung des ökologischen Gleichgewichts in der Welt.

SHARE INTERNATIONAL erscheint zehnmal im Jahr im DIN A5 Format mit jeweils 30 bis 40 Seiten. Zu bestellen bei:

Edition Tetraeder, Postfach 20 07 01, 80007 München

Bibliographie

Alder, Vera Stanley: *The Initiation of the World*, Rider, London 1939

—: *Humanity comes of Age,* Rider, London 1950

Bailey, Alice A.: *Initiation, menschliche und solare Einweihung*, Lucis, Genf 1922

—: *Die Wiederkunft Christi*, Lucis, Genf 1948

—: *Denke darüber nach* (eine Zusammenstellung aus ihren Werken), Lucis, Genf 1989

Besant, Annie: *Esoteric Christianity*, Theosophical Publishing House, Wheaton 1989

Blavatsky, H. P.: *Die Geheimlehre*, Couvreur, Den Haag 1888

—: *Isis entschleiert*, Couvreur, Den Haag 1877

Hall, Manly P.: *Secret Teachings of all Ages*, Philosophical Research Society, Los Angeles 1994

Jurriaanse, Aart: *Bridges,* Bridges Trust, Pretoria 1978

—: *Prophecies,* World Unity and Service Inc., Craighall 1977

Krishnamurti, J.: *Gedanken zum Leben*, Humata Verlag S.Blume, Bern

—: *Schöpferische Freiheit*, Humata Verlag S.Blume, Bern

—: *Autorität und Erziehung*, Humata Verlag S.Blume, Bern

Leadbeater, C.W.: *The Masters and the Path,*Theosophical Publishing House, Wheaton 1973

—: *Man,Visible and Invisible,*Theosophical Publishing House, Wheaton 1971

—: *The Inner Life,*Theosophical Publishing House, Wheaton 1978

Murphet, Howard: *Walking the Path with Sai Baba,* Samuel Weiser, York Beach 1993

Roerich, Helena: *Blätter aus dem Garten Moryas – Der Ruf*, Bd.1, Spirale Verlag München

—: *Blätter aus dem Garten Moryas – Die Erleuchtung*, Bd.2, Spirale Verlag München

Sinnet, A. P.: *Die Mahatma-Briefe*, Adyar, Satteldorf und Graz 1994

—: *Esoteric Buddhism,* Wizards Bookshelf, San Diego 1987

Spalding, Baird T.: *Leben und Lehren der Meister im Fernen Osten*, Drei-Eichen, München 1924-55

Yogananda, Paramahansa: *Autobiographie eines Yogi*, Barth, München 1950